U0127894

知识图谱
面向科技文献的构建技术与应用实践

李 娇 赵瑞雪 孙 坦 黄永文 著

电子工业出版社·
Publishing House of Electronics Industry
北京·BEIJING

内 容 简 介

知识图谱是大数据治理与应用研究前沿，也是驱动语义检索、智能问答、智能推荐、知识关联发现等知识服务的基石。本书系统梳理了知识图谱构建涉及的关键技术及典型知识服务案例，提出面向科技文献资源和专题知识的科研知识图谱构建方案及以此为基础支撑的科研综述知识应用实践，是知识图谱在情报学或图书馆学领域交叉集成应用的研究成果。

本书适合图书情报、管理科学与工程等相关领域的知识组织与智能知识服务研究人员阅读，也可为通用学术知识图谱工程化实施专业人员提供参考。

图书在版编目（CIP）数据

知识图谱：面向科技文献的构建技术与应用实践 / 李娇等著. —北京：电子工业出版社，2023.1

ISBN 978-7-121-44321-3

Ⅰ. ①知… Ⅱ. ①李… Ⅲ. ①科技文献－研究 Ⅳ.①G257.36

中国版本图书馆 CIP 数据核字（2022）第 172995 号

责任编辑：徐蔷薇
印　　刷：北京市大天乐投资管理有限公司
装　　订：北京市大天乐投资管理有限公司
出版发行：电子工业出版社
　　　　　北京市海淀区万寿路 173 信箱　　邮编：100036
开　　本：720×1000　1/16　　印张：12　　字数：249.6 千字
版　　次：2023 年 1 月第 1 版
印　　次：2023 年 1 月第 1 次印刷
定　　价：88.00 元

凡所购买电子工业出版社图书有缺损问题，请向购买书店调换。若书店售缺，请与本社发行部联系，联系及邮购电话：（010）88254888，88258888。

质量投诉请发邮件至 zlts@phei.com.cn，盗版侵权举报请发邮件至 dbqq@phei.com.cn。

本书咨询联系方式：xuqw@phei.com.cn。

前　言

　　知识图谱是人工智能的重要分支，涉及知识工程、机器学习、图数据等多个领域的技术，也是数据密集型科研范式下新型的数据基础设施及知识组织形式，其语义规范性和链接思想可将原本非结构、无关联的粗糙数据逐步提炼为结构化、强关联的高质量知识，支持科技文献结构与主题信息的多角度组织与揭示，在数据分析与挖掘方面表现出极高的应用价值，可支撑"大数据化"科技文献的关联融合和智能知识服务。本书依托国家科技图书文献中心"下一代开放知识服务平台总体设计及关键技术研发"专项研究成果，在系统梳理知识图谱构建关键技术及典型知识服务案例的基础上，着重介绍以科技文献为主要数据源（研究对象）的科研知识图谱构建与落地应用实践，以期为有志于从事知识图谱或知识组织与智能知识服务行业工作的读者提供参考。

　　本书共 5 章，各章简要内容介绍如下。

　　第 1 章　知识图谱概述。主要介绍知识图谱的起源与发展、相关技术与方法、国内外典型科研知识图谱项目。

　　第 2 章　智能知识服务。介绍以语义检索、智能问答、智能推荐、基于推理的知识关联发现为主的智能知识服务发展与现状，并举例阐述知识图谱驱动的智能知识服务方法和实践。

第 3 章　科技文献语义模型研究。首先介绍数据密集型科研范式下科技文献的发展形势，进而从文献结构和文献内容两个维度介绍科技文献语义关联描述模型设计方法。

第 4 章　面向科技文献的科研知识图谱构建与管理。首先介绍科研知识图谱模式层构建与多源科研知识图谱构建方法，然后重点围绕语义知识图谱构建工具、结构化语料获取解析与加工、科研知识图谱的存储与管理等展开具体介绍。

第 5 章　知识图谱驱动的科研综述表达实践。这是应用案例章节，作者以图谱式综述为实践场景，重点介绍设计思路、体系架构、知识图谱的知识计算支撑技术、综述文档设计与实现。

本书以作者所在研究团队的研究实践为基础，在此感谢各位团队成员的共同努力。在本书撰写期间，课题组成员鲜国建研究员、罗婷婷副研究员等人也多次给予非常有价值的调研信息、技术指导和修改意见，在此表示衷心的感谢。

感谢电子工业出版社的编辑老师，他们为保证本书的质量做了大量工作，提出了诸多有益意见。

由于作者水平有限，书中难免存在疏漏与不妥之处，恳请同行专家及广大读者批评指正。

目 录

知识图谱概述

  处于信息环境到数据环境的过渡期，知识发现的内涵愈加丰富，知识内容相应地走向可碎片化、关联化和智能化，以可计算的关联关系机制——知识图谱——予以表示。知识图谱是一种基于图的数据结构，是语义检索、知识推理、智能问答等知识服务的基石。它的社会学内涵是将物元、事元、关系元清晰地展现出来，是人类认识世界的基本框架。知识图谱的研究能为数据赋能、释放数据价值、提升数据资产管理能级，更精准地反映世界。

1.1 知识图谱的起源与发展

  2012 年 5 月 16 日，Google 公司通过官方微博正式发布一款搜索页面的新功能——知识图谱（Knowledge Graph，KG），与语音控制、Google Now 助手并称 Google 的三大实质性科技突破。Google 知识图谱背后是庞大的信息库，致力于打破"乔治·布尔式的搜索囚牢"，将搜索引擎从关键词中解放出来，并在搜索页面右栏集成更直接的答案。在 Google 浏览器上搜索"约瑟夫·拜登"，将得到拜登的孩子、夫人、生日、教育背景等附有简介的链接地址。Google 知识图谱雏形源于 Metaweb 公司，通过抓取和解析维基百科，以及使用类似维基百科的多来源数据并在数据间建立联系，发展出有别于传统关键词搜索的技术。知识图谱一经推出，便迅速在业界和学术界普及，受到众多领域的关注，形成了从数据获取、特征抽取、对象解析、关系解析、图谱构建到图谱存储与管理的知识图谱机制，支持智能检索、智能问答、数据分析、知识管理等应用场景。

　　知识图谱的思想可追溯到 20 世纪五六十年代由 Quillian 所提出的一种知识表达模式——语义网络（Semantic Network）[1]，经历了"语义网络—语义网（Semantic Web）[2]—关联数据（Linked Data）[3]—知识图谱"的演变历程。语义网络由相互连接的节点和边组成，节点表示概念或对象，边表示它们之间的关系，如 is-a 关系、part-of 关系等。它的特点在于容易理解和展示，且在相关概念的聚类上具有明显优势，可以很方便地将自然语言的句子用图来表达和存储，用于机器翻译、问答系统和自然语言理解。以语义网络为基础的典型应用有 WordNet、BabelNet、HowNet 等通用知识库。语义网和关联数据是万维网之父 Tim Berners Lee 分别于 1998 年和 2006 年提出的，本质上与 Web 3.0 概念相同，指万维网联盟 W3C 制定的用于描述和关联万维网数据的一系列技术标准——语义网技术栈。相对于语义网络，语义网和关联数据倾向于描述万维网中资源、数据之间的关系，语义网是一个使网络上的数据变得机器可读的通用框架，而关联数据则强调在不同的数据集间创建链接，是最接近知识图谱的概念，正如 Jeff Z. Pam 等在 *Exploiting Linked Data and Knowledge Graphs in Large Organizations* 中描述的一样，"知识图谱：以实体为中心的关联数据视图"（Knowledge Graph：An Entity-Centric View of Linked Data）[4]。与以上诸多早期形态相比，知识图谱在规模、语义丰富度、质量和结构友好性等方面更具优势，这也是知识图谱最核心的价值之一。

　　目前，知识图谱尚无统一标准的定义，部分研究学者将它看成一种具有有向图结构的语义网络知识库，旨在用图模型来描述知识和建模世界万物之间的关联关系，由节点和边组成，是表征事物关系的可计算模型，以关系三元组的形式提供实体间丰富的关系信息。其价值在于从数据中识别、发现和推断事物与概念之间的复杂关系，用于改善现有的信息获取方式，即通过推理实现概念检索并将经过分类整理的结构化知识以直观的图形化方式展示给用户。部分学者认为，知识图谱是人工智能时代最重要的知识表示方式之一，能够打破不同场景下的数据隔离，为搜索、推荐、问答、解释与决策等应用提供基础支撑。还有部分学者将知识图谱理解为互联网和大数据时代催生的大数据知识工程，沿革源于符号主义的传统知识工程。也许其定义角度和今后的发展还有很多不确定性，但不可否认的是，作为近几年在大数据时代下新颖的知识组织与检索技术，知识图谱在知识组织和可视化展示方面的优势逐渐显现，正在改变着人们获取信息和知识的方式，基于知识图谱的数据分析也有望成为一种新的基础设施，用于支持智慧农业、精准医疗、学习分析等应用[5]。

迄今为止，知识图谱研究主要涉及两种形态：语义网领域提出的基于资源描述框架（Resource Description Framework，RDF）三元组存储的语义知识图谱（也被部分研究者称为关联数据）和数据库领域发展出的基于属性图数据库的广义知识图谱（以 Google 知识图谱为代表）。从使用范围来看，知识图谱又分为通用知识图谱和领域知识图谱，其中，通用知识图谱包括以 Cyc、WordNet 等早期知识库项目为代表的常识性知识图谱（Common Sense Knowledge Graph），以及以 Google、Microsoft 等商用图谱和 DBpedia、Yago 等开放域知识图谱为代表的百科类知识图谱（Encyclopedia Knowledge Graph）。

国内外部分典型广义/通用知识图谱如表 1-1 所示。

表 1-1　国内外部分典型广义/通用知识图谱

类　　型	知识图谱名称	实体类型	所属领域	实体库来源
常识性知识图谱	Cyc	术语（Term）、断言（Assertion）	常识性知识库	—
	WordNet	名词、动词、形容词、副词	词典知识库	—
	ConceptNet	概念	常识性知识库	众包资源、专家知识等
百科类知识图谱	DBpedia	人物、地点、音乐、组织机构等	百科	维基百科条目和链接数据集
	Yago	概念	百科	维基百科、Word-Net 和 GeoNames
	Google 知识图谱	科学出版物记录及出版物之间的引证关系，以及作者、机构、期刊、会议、研究领域等	覆盖用户感兴趣的众多领域	网络公共资源 Freebase、维基百科等知识库
	Bing Satori	作者、机构、期刊、会议、研究领域等	覆盖用户感兴趣的众多领域	网络公共资源 Wikipedia 等知识库

（续表）

类　　型	知识图谱名称	实体类型	所属领域	实体库来源
百科类知识图谱	百度"知心"	文本、数字、日期、创作品、无形物、人物、地点、机构	教育、游戏、医疗、旅游	百度百科、互动百科等
	搜狗知立方	书籍、交通、人物、体育、军事、动漫、商业、地点、天文等	海量的互联网信息	海量网络信息、Wolfram Alpha、Freebase 等知识库

其中，Google 知识图谱包含数亿个条目，支持新一代语义检索模式，使得搜索超越搜索词本身，进入由各种实体、实体的属性和实体的相互关系所组成的世界，呈现事实、问题回答等多元化搜索结果；Bing Satori 汇集了 TED 讲座、著名演讲、在线课程、大学资料、科学知识、历史事件、动物种类等数据，用于增强 Bing 系统的搜索服务能力；搜狗知立方是国内搜索引擎行业中首家知识库搜索产品；百度"知心"从行业维度出发，通过搜索请求智能化地判断所属垂直行业，并推送按该行业属性整合后的内容、产品、服务给用户。

1.2　知识图谱相关技术与方法

知识图谱相关研究在自然语言处理、深度学习等技术的推动下已经迈进成熟化和实例化，形成两条基本的技术路径：一是语义网领域的语义知识图谱，二是数据库领域的广义知识图谱。接下来将以此分类为依据对知识图谱数据模型、查询语言、构建技术、存储管理方案等进行分析介绍。

1.2.1　知识图谱构建技术流程

知识图谱的构建过程实际上是从大量关系复杂、类型繁多、结构多变的数据中获取计算机可读知识的过程，是数据融合与链接的纽带。从逻辑层次上看，知识图谱分为模式层和数据层，数据层由一系列以三元组为表现形式的事实组成，模式层（也称概念层）则是作为数据层的"上层建筑"，通过积累沉淀的知识集合——本体库来规范数据层的事实表达。因此，知识图谱的核心是建立本体模型和实体数据库，按照二者构建顺序可将知识图谱构建方法分为"自顶向下型"和"自底向上型"两种。"自顶向下型"是指在定义好本体和数据规范的前提下再抽取数据，这种模式适用于存在可量化的行业逻辑的领域，如医疗、法律、金融等。"自底向上型"则是先抽取实体数据，选择置信度高的实体数据加入知识库再逐层抽象出本体模型，常应用于数据量庞大但行业逻辑难以直接展现的领域，如 Bing Satori、Google 知识图谱。对于新兴领域，通常采用两者结合的方式建模。从数据模型上看，知识图谱分为 RDF 图和属性图，如前所述，前者通常是指语义网领域提出的基于 RDF 三元组存储的语义知识图谱，侧重知识的发布和链接；属性图则主要指数据库领域发展出的基于属性图数据库的广义知识图谱，侧重知识的计算与挖掘。

总的来说，不管是哪种数据模型的知识图谱，构建全程都以本体模型为规范或约束条件。经过广泛的调研和分析总结得出：知识图谱构建主要技术架构如图 1-1 所示，包含广义知识图谱及语义知识图谱构建的全过程。其中，广义知识图谱构建流程中，知识建模在知识融合之后，即采用自底向上的方式；而知识建模前置在知识抽取过程的为语义知识图谱构建，即采用自顶向下的方式，通常这种情形下的知识建模多依赖已有领域数据模型及专家智慧。

1. 广义知识图谱的构建

广义知识图谱的构建从数据源开始，包括知识抽取、知识融合、知识加工等步骤，其语料来源通常为非结构化的文本数据、半结构化的网页或表格，以及生产系统中的结构化数据。作为图谱构建最核心的环节，知识抽取包含命名实体识别（Named Entity Recognition，NER）（也称实体抽取）、关系抽取（Relationship Extraction，RE）和属性抽取三个要素，其中属性抽取相对易操作，通常采用 Python 爬虫在百科类网站爬取，因此实体抽取和关系抽取成为知识抽取环节的重点研究内容。针对不同的数据类型，知识抽取技术也有所不同，其中，面向结构化数据的知识抽取方法有直接映射、R2RML 等；面向非结构化数据的知识抽取方法有基于规则、基于统计模型如隐马尔可夫模型（Hidden Markov Model，HMM）[6]、最大熵

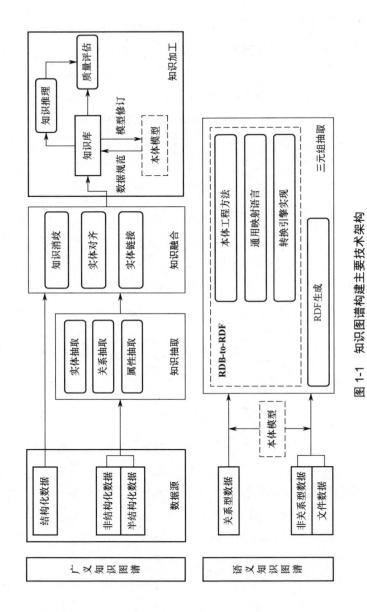

图 1-1　知识图谱构建主要技术架构

（Maximum Entropy，MaxEnt）模型[7]和条件随机场（Conditional Random Field，CRF）[8,9]等，以及基于深度学习的方法如循环神经网络（Recurrent Neural Network，RNN）[10]、卷积神经网络（Convolutional Neural Network，CNN）[11]、引入注意力机制（Attention Mechanism）[12,13]的神经网络等。目前使用最广泛的是 Google 公司于 2018 年提出的语言预训练模型 BERT（Bidirectional Encoder Representation from Transformers）——双向 Transformer 的 Encoder[14]、国内百度 PaddlePaddle 开源的中文知识增强的语义表示模型 ERNIE（Enhanced Representation through Knowledge Integration），这些模型均需结合文本语料标注工具如 BRAT、YEDDA 等进行大量的语料标注，实体抽取准确率超过 80%。知识融合过程是将抽取后的知识通过统一的术语融合成知识库，包括知识消歧、实体对齐、实体链接等，这一阶段的主要任务是数据层的融合，常用的方式有 DBpedia Mapping 的属性映射方法、zhishi.me 的离线融合方式等。知识加工过程则是针对知识融合过程中产生的新关系组合或通过知识推理形成的新知识形态进行质量评估，抽象出本体模型并不断更新和扩充，最终形成完整形态的知识图谱。

2．语义知识图谱的构建

语义知识图谱本质上是 RDF 三元组图数据，是图书情报和数字人文领域的主流形式，其数据来源可归纳为关系型数据、非关系型数据及文件三类，尤其对于垂直领域，知识大多来源于关系型数据库。关系型数据库作为传统的企业数据业务系统，在效率方面存在一定优势，但欠缺语义且系统间互操作性弱，随着数据网络的快速发展，将关系型数据转化为 RDF 图数据（RDB-to-RDF）或者 OWL 本体的研究实践不断涌现并形成了一系列相关的标准和应用工具，这一方式既可以确保以前开发应用的可持续性，也可以充分利用 RDB 系统的可扩展性、ACID 属性和安全性等优良特性[15]。RDB-to-RDF 实现思路主要有基于转换引擎、本体工程、通用映射语言三种[16]：基于转换引擎的方法是通过 SPARQL 查询触发处理引擎进行数据转换[17]；本体工程的方法是指从关系型数据及其模式中抽象出本体的概念和关系[18]，一般需要结合转换引擎和映射语言使用；通用映射语言的方法则是指在已有本体模型的前提下通过描述语言直接映射，该方法的应用场景最为广泛，是目前最为典型和主流的方式。W3C 推荐了两种 RDB-to-RDF 映射语言用于定义 RDB 转换为 RDF 的规则，包括 URI 的生成、RDF 类和属性的定义、空节点的处理、数据间关联关系的表达等。一种是直接映射，即将 RDB 表结构和数据直接转化为 RDF 图，并支持通过 SPARQL 查询或 RDF 图 API 访问数据；另一种是 R2RML——自定义的映射语言，可以在 RDF 数据模型下查看关系型数据并灵活定制视图。

此外，除了关系型数据库，还有大量数据资源以结构化或半结构化文件格式存在，如 CSV、Excel、XML、JSON 等，基于此类数据的语义知识图谱构建也有一定的研究成果。本节针对部分重要且在领域广泛使用的工具或系统进行调研分析，其特性对比如表 1-2 所示。调查结果显示，针对不同的数据类型及应用场景，目前的语义知识图谱生成工具/系统提供在线编辑、单机版等若干服务形态。然而，大多需要编写自定义脚本或编程来执行数据转换，且支持的数据源和存储方式有所限制，随着数据规模的扩大和处理任务的复杂化，实践中将面临效率等各方面的挑战，如数据管理员定义了若干周期性的数据处理任务，使用时必须配置不同的调度脚本或者使用外部工具以确保任务执行，则工具配置和任务维护将消耗大量人力和时间。

表 1-2　语义知识图谱生成工具主要特性对比

工具名称	是否开源	支持输入	支持输出	特性描述
Apache Any23	是	RDF/XML、Turtle、Notation3、RDFa、Micro-formats1、Microformats2、JSON-LD、HTML5 Microdata、CSV、都柏林、schema. org 等词汇、YAML	Turtle RDF/XML N-Triples JSON-LD	支持 D2RQ 映射及 R2-RML，提供 RDF 数据查询访问接口
ELMAR-toGoodRelations	是	XML、CSV	RDF/XML 电子商务词汇表	Python 脚本，仅适用于电子商务领域数据转换

（续表）

工具名称	是否开源	支持输入	支持输出	特性描述
PoolParty Extractor（PPX）	否	不同的元数据模式	映射到统一的知识模型：SKOS taxonomy、SKOS 叙词表	面向企业的语义中间件平台，提供基于语义知识模型的精确文本挖掘算法来构建企业知识图谱
csv2rdf	否	带有表头的 CSV	RDF/XML N-Triples	提供 REST Web 服务接口，操作过程简单高效
RDF Translator	是	RDFa、RDF/XML、Notation3、N-Triples、Microdata、JSON-LD	RDFa RDF/XML Notation3 N-Triples Microdata JSON-LD	支持数据格式的转换，提供 REST API，允许用 HTML 和 CSS 格式转化结果，允许执行 HTTP POST 请求，并将数据附加到 html 网页中

UnifiedViews[19] 是一个开源的抽取-转换-加载（Extraction-Transformation-Loading，ETL）框架，允许用户定义、执行、监控、调试、调度和共享 RDF 数据处理任务，简化了关联数据发布过程的创建和维护。图 1-2 展示了 UnifiedViews 总体架构，它提供了一个图形用户界面，数据处理任务在 UnifiedViews 中被表示为数据处理管道（Pipeline）。每个 Pipeline 都由一个或多个数据处理单元（Data Processing Unit，DPU）和这些单元之间的数据流组成，每个 DPU 都封装处理数据的特定业务逻辑，并且可以产生对应的输出。在不同的 Pipeline 中可以对 DPU 进行不同的配置。数据单元是 DPU 使用或生成数据的容器。UnifiedViews 支持三种类型的数据单元：RDF 数据单元，处理 RDF 图；文件数据单元，处理文件和文件夹；关系数据单元，处理关系数据库中的表。UnifiedViews 有四种类型的 DPU：Extractor 是不定义任何输入数据单元的 DPU，它的输入数据是依据 DPU 的业务逻辑从外部来源获取的，如 Extractor 可以从远程 SPARQL 端点查询数据，或从特定的 URL 集下载文件；Transformer 是将输入转换为输出的 DPU，它定义了输入和输出数据单元，如将表格数据转换为 RDF 数据或执行 SPARQL 查询；Loader 是定义输入数据单元但不定义任何输出数据单元的 DPU，其输出数据不由 UnifiedViews 维护，而由外部存储库进行存储；Quality Assessor 是评估输入数据的质量并生成质量评估报告作为输出的

DPU。此外，用户可以创建和部署自定义的 DPU 以满足所需功能要求。

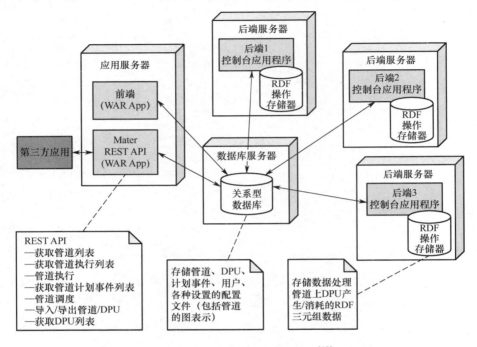

图 1-2　UnifiedViews 总体架构[19]

UnifiedViews 是到目前为止在流程和功能方面最为完整和全面的 RDF 数据创建与转换综合解决方案，对数据兼容性较高，支持关系型数据、RDF 编码格式和文件数据向 RDF 数据的转换，但也存在构建复杂、人工配置困难的问题。从初步试用体验来看，该工具还是较为初级的原型系统，在易用性、稳定性等方面与专业的数据 ETL 工具（如 Kettle）相比还有较大提升空间。

1.2.2　知识图谱数据模型

从数据模型的角度来看，概念网络——知识图谱本质上是一种图数据，数据模型规范依据知识图谱的领域特征而定，主要有 RDF 图和属性图两种形式，两者的逻辑视图如图 1-3 所示。其中，属性图具备 RDF 图所没有的节点和边的内部结构，可以表达实体/关系的属性。

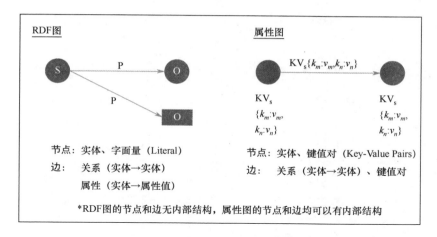

图 1-3 RDF 图和属性图的逻辑视图

1. RDF 图

RDF 是 2004 年万维网联盟（W3C）制定的语义网中机器可理解信息表示和交换的标准数据模型，也可作为知识图谱的国际标准。作为 Web 上表示和发布知识图谱最主要的数据格式之一，RDF 明确了描述网络信息资源及资源间语义关系的模型和语法，以三元组<subject，predicate，object>（s，p，o）即主谓宾的方式表示知识，主语表示类的实例——个体（Individual），谓语既可以是连接两个个体的关系，也可以是连接个体和数据类型的实例，宾语为相应个体或者属性值。RDF 三元组集合即为图中的有向边集合，集合中每个资源具有统一资源定位符（Uniform Resource Identifier，URI）作为其唯一的 id，通常情况下主语和谓语都要用 HTTP URI 表示，宾语可以是某种数据类型的值 Literal（字面量），也可以是另一资源的 HTTP URI。需要说明的是，RDF 主语和宾语也可以是空节点类型，即没有 URI 和 Literal 的资源或匿名资源，RDF 图对节点和边上的属性没有内置的支持。RDF 图数据模型常用于学术领域的语义知识图谱构建。

RDF 支持不同的书写格式，也称序列化（Serializations）方法，如 RDF/XML、Notation3（N3）、Turtle、N-Triples、RDFa、JSON-LD 等[20]，下面以图 1-4 为例进行说明。

- **Turtle**

```
@prefix scikg: <http://***.scikg.com/onts#>
@prefix scikg-article: <http://***.scikg.com/articles/>
scikg-article:ja.00001
scikg:title "Learning representation by back-propagating errors";
scikg:subject "Neural Networks".
```

- **N-Triples**

```
<"http://***.scikg.com/articles/ja.00001">
<http://***.scikg.com/onts#title">
"Learning representation by back-propagating errors"

<"http://***.scikg.com/articles/ja.00001">
<http://***.scikg.com/onts#title>"Neural Networks">
"Neural Networks"
```

- **RDF/XML**

```
<rdf:RDF
xmlns:scikg=http://***.scikg.com/onts#>
<rdf:Description rdf:about="http://***.scikg.com/articles/ja.00001">
<scikg:title rdf:resource="Learning representation by back-propagating errors">
<scikg:subject rdf:resource="Neural Networks">
</rdf:Description>
</rdf:RDF>
```

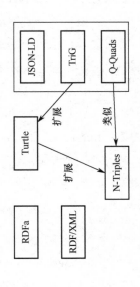

图1-4 RDF 不同的序列化格式[20]

图 1-4 中分别给出了"论文 ja.00001 的标题（title）是 Learning representation by back-propagating errors，主题（subject）是 Neural Networks"这一 RDF 三元组集的三种序列化格式。RDF/XML（.rdf）指用 XML 格式表示 RDF 数据，是树状文档和基于三元组图的混合体，表达较为冗长；N-Triples（.nt）则是指用多个三元组来表示 RDF 数据集，每行表示一个三元组，这种表示方式最为直观，有利于机器的解析和处理，开放领域知识图谱 DBpedia 及学术知识图谱 SciGraph 均采用这种方式发布数据；Turtle（.ttl）是目前应用最为广泛的序列化格式，数据紧凑、可读性好，使用@prefix 对 RDF 的 URI 前缀进行缩写，Turtle 与 N-Triples 相比解析成本更高；其他格式如 JSON-LD（.json）是轻量级链接数据格式，在工程应用方面更具优势。

知识图谱需要借助查询语言进行查询等应用操作，RDF 图数据中常用的是 W3C 指定的标准查询语言——SPARQL 协议与 RDF 查询语言（SPARQL Protocol and RDF Query Language），类似于关系数据库中的 SQL 查询语言，其核心处理单元是三元组模式。作为一套知识服务标准体系，SPARQL 1.1 版本提供查询、更新（Update）、联邦查询（Federated Query）、查询结果格式和接口协议等服务，设计了三元组模式、子图模式、属性路径等多种查询机制，且可用于跨数据源的查询。SPARQL 查询可用 Q={GP，DS，SM，R}表示，其中 GP 是表达查询意图的图模式；DS 是 RDF 数据集源；SM 是指定结果集约束条件的解修饰符；R 是查询结果，通常为结果集或 RDF 图。SPARQL 在查询操作方面的友好特性是本书在知识图谱构建工具及存储应用方面的重要技术基础。

例如，查询 scigraph 图中 2019 年发表的主题为 Neural Networks 的论文的标题（?title），SPARQL 查询语句语法分析如图 1-5 所示。除简单查询外，SPARQL 还支持多字段匹配和数据属性匹配，根据需求可搭配 CONCAT 函数、FILTER 关键字等联合使用，实现检索结果的字符串拼接、条件过滤等。

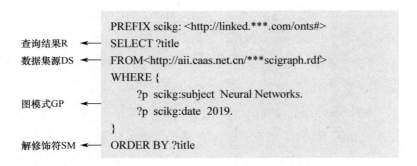

图 1-5　SPARQL 查询语句语法分析

2．属性图

属性图（Property Graph，PG）是图数据库领域使用最为广泛的一种图数据模型，是由节点（Vertex 或 Node）、边（Edge 或 Relationship）组成的有向图，其具备如下特性：

（1）每个节点都具有唯一的 id、若干条出边和入边，以及一组属性，每个属性都是一个键值对（Key-Value Pairs），属性值可以是标量类型或数组。

（2）每条边都具有唯一的 id、一个头节点、一个尾节点、一个表示联系的标签，以及一组属性值，每个属性都是一个键值对。

以图 1-6 所示的属性图样例为例进行说明，根据属性图的要素，software、person 分别代表类为软件、人员的节点，created、knows 分别代表关系为开发、认识的边，软件节点的属性包括名称和开发语言，人员节点的属性包括姓名和年龄。这个属性图描述了 2 个软件节点和 4 个人员节点的关系，如节点 3 的入边集合为{边 9，边 11，边 12}，属性集合为{name=lop，lang=java}，表示节点 3 的软件由人员节点 1、4、6 开发，软件名称是 lop，开发语言是 java；节点 4 的入边集合为{边 8}，出边集合为{边 10，边 11}，属性集合为{name=josh，age=32}，表示节点 1 的人员认识节点 4 的人员，节点 4 的人员姓名是 josh，年龄 32 岁，开发了节点 3 和节点 5 的软件。

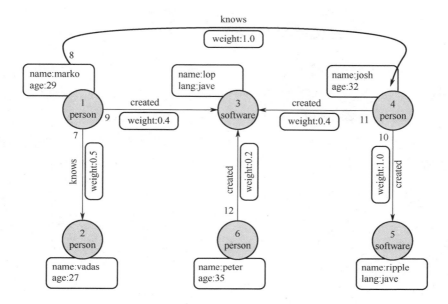

图 1-6　属性图样例

　　属性图上的查询语言通常是 Cypher 和 Gremlin，其中 Cypher 最初是图数据库 Neo4j 中实现的开源声明式查询语言，提供通过可视化和逻辑方式匹配图中节点和关系的模式，支持创建、读取、更新、删除等功能，目前主流的图数据库如 Memgraph、AgensGraph 等均支持 Cypher。

　　表 1-3 给出了 RDF 图和属性图的对比。

表 1-3　RDF 图和属性图的对比

图谱类型	RDF 图	属性图
特　　征	跨数据的推理与关系，节点和边的可视化	
数据类型	关联数据（Link Data）	
数据模型	图（Graph）	
序列化格式	Turtle、N-Triple、N-Quads、JSON-LD、RDF/XML	供应商指定
查询语言	SPARQL、RDQL、Versa、RQL、XUL	SPARQL-like、Cypher、Gremlin、GraphLog、SoSQL、BiQL、SNQL
图存储模式	三元组	有向、有标签、超大图等
图遍历	对数（Logarithmic）边缘遍历	优化的图遍历

1.2.3　知识图谱存储与管理

随着知识图谱规模的日渐增长，其存储管理与查询处理也变得更加重要。知识图谱存储是指以计算机可读的数据格式对知识图谱的模式层和数据层进行物理保存，包括基本的资源、事件、关系、属性等知识。知识图谱的底层存储方案直接关乎数据查询的效率，通常需结合知识应用场景设计。

知识图谱数据集包括两个部分：显性的三元组（Explicit Triples）及隐性的三元组（Implicit Triples）。其中，显性的三元组通常以数据的形式直接给出，而隐性的三元组蕴含于各元素所附带的语义中，需要根据知识图谱的本体及规则集从显性的三元组中推理得到。按照存储结构划分，知识图谱存储有关系表和图两种形式：基于关系表存储的主要有三元组表、水平表、属性表、垂直划分和六重索引等，与知识图谱的图模型存在巨大差异，查询、维护、删改等操作成本高，难适应大规模图谱数据的建设与管理；以图形结构对数据进行存储的图存储是目前主流的知识图谱存储方式，相较于关系表存储，它在关联查询的效率上有着显著的提升，尤其在深度关联查询时表现更为优异。根据图谱数据格式，常见的图存储方案分为面向 RDF 的三元组数据库及面向属性图的图数据库两种。

1. 面向 RDF 的三元组数据库

面向 RDF 的三元组数据库是专门为存储大规模 RDF 数据而开发的知识图谱管理系统，被称为 Triple store 或 RDF store，支持声明式查询语言——SPARQL。三元组数据库是一种通用的、用于描述事物的图模型，通过统一资源标识符 URI 标识资源，用户可以对网络中的资源基于特定的协议进行交互操作。目前，主要的 RDF 三元组数据库包括 Virtuoso、GraphDB、MarkLogic 和 BlazeGraph 及源自学术界的 RDF-3X（仅支持 Linux 的科研原型系统）和 gStore。图 1-7 给出了 DB-Engines 上排名靠前的三元组数据库，其中，MarkLogic、Virtuoso、GraphDB 常年稳居前列，下面将分别进行详细介绍[21]。

include secondary database models					20 systems in ranking, January 2022			
Rank			**DBMS**	**Database Model**	**Score**			
Jan 2022	Dec 2021	Jan 2021			Jan 2022	Dec 2021	Jan 2021
1.	1.	1.	MarkLogic ➕	Multi-model 🔢	9.19	+0.25	−0.87
2.	2.	⬆4.	Virtuoso ➕	Multi-model 🔢	5.37	+0.31	+3.23
3.	3.	⬆5.	GraphDB ➕	Multi-model 🔢	2.86	−0.02	+0.75
4.	4.	⬇2.	Apache Jena - TDB	RDF	2.84	+0.13	−0.34
5.	5.	⬇3.	Amazon Neptune	Multi-model 🔢	2.63	+0.07	+0.32
6.	6.	6.	Stardog ➕	Multi-model 🔢	1.89	−0.04	+0.42
7.	7.	7.	AllegroGraph ➕	Multi-model 🔢	1.24	+0.02	+0.05
8.	8.	8.	Blazegraph	Multi-model 🔢	0.96	+0.00	+0.09
9.	9.	9.	RDF4j	RDF	0.68	+0.01	+0.14
10.	⬆11.	⬆11.	4store	RDF	0.43	+0.01	−0.02
11.	⬇10.	⬇10.	Redland	RDF	0.38	−0.04	−0.10
12.	12.	⬆15.	AnzoGraph DB	Multi-model 🔢	0.33	−0.01	+0.17
13.	13.	⬇12.	CubicWeb	RDF	0.18	−0.01	−0.04
14.	14.	⬇13.	Mulgara	RDF	0.11	−0.01	−0.08
15.	15.	⬇14.	Strabon	RDF	0.11	0.00	−0.05
16.	16.	⬆17.	Dydra	RDF	0.04	−0.02	−0.06

图 1-7　DB-Engines 上排名靠前的三元组数据库

1）多模型数据库 MarkLogic

MarkLogic 是美国同名软件公司推出的多模型数据库，具备 NoSQL 和可信的企业数据管理功能，至今已有 20 年的发展历程，是集文档、语义图、地理空间和关系型模型优点于一体设计的可扩展、高性能数据库，内置的搜索引擎可为 JSON、XML、文本、RDF 三元组、地理空间和二进制文件（如 PDF、图像、视频）提供统一的搜索和查询界面，减少标准查询构建、配置索引的时间。MarkLogic 在文档、图形数据和关系型数据的存储和查询方面具备极高的灵活性且可以通过三元组在文档间建立关联。图 1-8 展示了 MarkLogic 多模型描述示例，包含三种有关 Jen 的事实和关系三元组的描述方式，用户可在保证数据一致性的前提下根据实际需求选择恰当的数据模型组合。

MarkLogic 的最大特点在于其数据集成功能敏捷且简单，无须预先定义模式（数据可以按照原本的格式存储）或依赖复杂的 ETL 过程。它可以在商用硬件的集群中水平扩展到数百个节点、PB 级数据、数十亿个文档，每秒可处理数万笔事务，集群随着数据或访问需求的增长或收缩而水平扩展，并提供自动故障转移、复制和备份服务。MarkLogic 非商用版采用注册制，MarkLogic Console 界面如图 1-9 所示。MarkLogic 支持 JavaScript 脚本、SPARQL Query、SPARQL Update、SQL、XQuery 查询方式及文本、XML、HTML 结果形式。

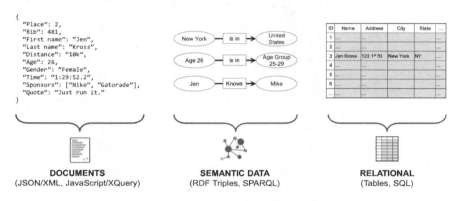

图 1-8　MarkLogic 多模型描述示例

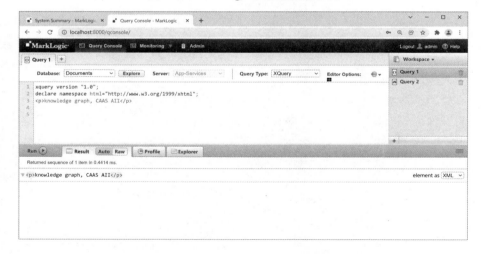

图 1-9　MarkLogic Console 界面

2）混合数据库管理系统 Virtuoso

Virtuoso 是语义网项目常用的一种多模型混合关系数据库管理系统（Relational Database Management System，RDBMS），支持对关系表和属性图的数据管理，是一个高性能、可扩展、安全和基于开放标准的平台。其基础源自开发了多年的传统关系数据库管理系统，因此具备较为完善的事务管理、并发控制和完整性机制。Virtuoso 作为较成熟的语义数据库，在其数据库基础上可支持关联数据的发布和应用，并支持查询语言 SPARQL。作为知识存储系统，Virtuoso 支持客户端和服务器后台两种数据加载方式，客户端数据加载（见图 1-10）适用于单个较小文件的上传加载，服务器后台批量加载则适用于多个大文件加载。

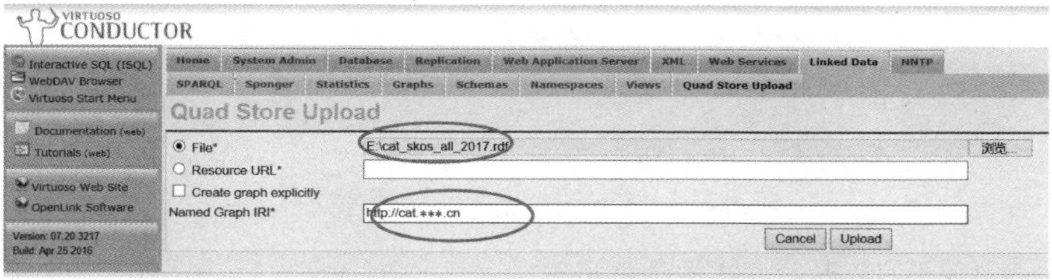

图 1-10　客户端数据加载

以 Virtuoso 服务器后台数据加载实验为例，代码如下：

```
ld_dir_all('i:/NSTL', '*.rdf', 'http://linked.***.cn/nstl/articles');

select * from DB.DBA.load_list;

rdf_loader_run ();
```

基于 136 个文献类 RDF 数据文件（共计 2.97 亿个 RDF 三元组、容量 40.8GB）进行数据加载测试，总耗时 2 小时，平均 38485 个三元组/秒。同时，加载 DBpedia 开源数据共 147 个文件（共计 30 亿个 RDF 三元组、容量 700GB），耗时 16 小时，平均 51574 个三元组/秒。Virtuoso 中 SPARQL 查询示例如图 1-11 所示，包含查询特定论文的查询界面和结果界面，从近 40 亿个 RDF 三元组中查询单个实体对象耗时 18.45 毫秒。

此外，Virtuoso 支持 HTTP URI 实体解析，提供面向计算机的互操作接口，可返回多类型查询数据结果片段。

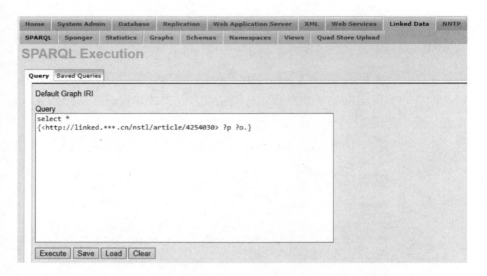

图 1-11　Virtuoso 中 SPARQL 查询示例

3）图形数据存储引擎 GraphDB

GraphDB 是基于 OWL 标准开发的具有高效推理、聚类和外部索引同步支持的企业 RDF 三元组库，同时支持属性图管理，可以链接到大型知识图谱中的文本和数据，具备支持任何类型数据（CSV、XLS、JSON、XML 等）的解析与 RDF 转换格式和存储、SPARQL 编辑器、FTS 连接器、可视化等功能。还可以基于 RDF 数据进行语义推理，通过使用内置的基于规则的"前向链"（Forward Chaining）推理机，由显式知识推理得到导出知识并优化存储。导出的知识会在知识库更新后相应地同步更新，支持数据调和、本体可视化和高性能可扩展的聚类，可与 MongoDB 集成，用于大规模元数据管理、基于图嵌入的语义相似性搜索及快速灵活的全文搜索。

GraphDB 分为企业版、标准版和社区免费版，其中，企业版支持分布式部署，允许查询吞吐量与集群节点的数量成比例地扩展，可与 Solr、Elasticsearch 集成进行全文搜索；免费版支持多个图数据库的创建管理，GraphDB 的数据文件管理如图 1-12 所示。从版本 8 开始，GraphDB 与 RDF4j 框架完全兼容。GraphDB 实现了 RDF4j 的存储与推理层（SAIL），可以使用 RDF4j 的 RDF 模型、解析器和查询引擎直接访问 GraphDB。

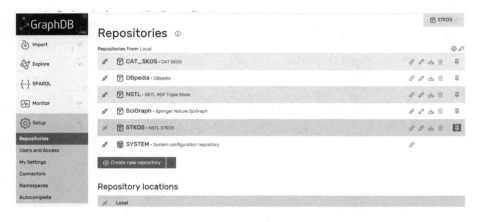

图 1-12　GraphDB 的数据文件管理

　　GraphDB 支持网页客户端单个较小文件的上传加载功能，也支持网络端本地或服务器目录的批量大文件上传，并提供丰富的解析参数设置功能。加载同样的 136 个文献类 RDF 数据文件总用时约 6 小时，查询特定论文结果返回时长 0.1 秒，与 Virtuoso 相比，效率较低。从官方的介绍中可以看出，Virtuoso、GraphDB 均是多模型混合存储数据库，同时支持 RDF 图和属性图数据管理，由于其 SPARQL 的图形遍历性较差，实际应用中多作为 RDF 三元组数据库使用。

2. 面向属性图的图数据库

　　原生图数据库主要是以属性图的方式存储、处理、查询和展示数据，在关系遍历和路径发现等应用中性能优越，主要代表有 Graph1.0 时期最为流行和成熟的 Neo4j。随着业界在图数据库扩展性方面的挑战逐渐凸显，JanusGraph、OrientDB 等开源分布式大规模图数据库应运而生，其中 OrientDB 功能相对全面，支持文件、图（包括原生图）、键值对等多模型数据管理和 SQL、Gremlin 多种查询语言，JanusGraph 则在底层数据库之上封装一层，实现图的语义，可基于第三方分布式索引库 Elasticsearch、Solr 和 Lucene 实现数据快速检索，作为图计算引擎使用。现对 DB-Engines 上排名靠前的图数据库（见图 1-13）进行说明。

□ include secondary database models　　　　36 systems in ranking, March 2022

Rank			DBMS	Database Model	Score		
Mar 2022	Feb 2022	Mar 2021			Mar 2022	Feb 2022	Mar 2021
1.	1.	1.	Neo4j ✚	Graph	59.67	+1.43	+7.35
2.	2.	2.	Microsoft Azure Cosmos DB ✚	Multi-model ℹ	40.90	+0.94	+8.49
3.	3.	3.	ArangoDB ✚	Multi-model ℹ	5.61	+0.21	+0.55
4.	4.	↑5.	Virtuoso ✚	Multi-model ℹ	5.57	+0.18	+2.70
5.	5.	↓4.	OrientDB	Multi-model ℹ	4.92	-0.10	+0.22
6.	↑7.	↑7.	GraphDB ✚	Multi-model ℹ	2.84	-0.09	+0.57
7.	↓6.	↑8.	Amazon Neptune	Multi-model ℹ	2.69	-0.30	+0.83
8.	8.	↓6.	JanusGraph	Graph	2.47	+0.11	+0.04
9.	9.	↑11.	TigerGraph ✚	Graph	2.18	-0.06	+0.68
10.	10.	10.	Stardog ✚	Multi-model ℹ	1.90	-0.08	+0.39
11.	11.	↑13.	Dgraph	Graph	1.70	-0.02	+0.46
12.	12.	↓9.	Fauna	Multi-model ℹ	1.35	+0.03	-0.49
13.	13.	↑14.	Giraph	Graph	1.32	+0.01	+0.19
14.	14.	↓12.	AllegroGraph ✚	Multi-model ℹ	1.24	-0.07	-0.07
15.	15.	15.	Nebula Graph	Graph	1.13	-0.03	+0.16
16.	16.	16.	Blazegraph	Multi-model ℹ	0.93	+0.02	+0.10

图 1-13　DB-Engines 上排名靠前的图数据库

1）Neo4j

Neo4j 是由 Java 实现的开源 NoSQL 图数据库，常年处于 DB-Engines 图数据库排名首位，是基于数学中的图论所实现的一种数据库，数据对象/实体被保存为节点，关系则被保存为链接地址的形式。Neo4j 存储管理层为属性图结构中的节点、节点属性、边、边属性等均设计了存储方案，因此与其他数据库相比，它可以更加高效地存储、查询、分析和管理高度关联的图谱数据。例如，在遍历关系时，只要在 Neo4j 中找到起始节点、读取节点的邻接边就可以访问该节点的邻居，具有"无索引邻接"特性（Index-Free Adjacency），每个节点都可被当成邻接节点的"局部索引"，这种查询方式与"全局索引"相比更能节省时间开销。

Neo4j 图作为属性图，其数据模型形式化定义为六元组 $PG = \langle V, E, \mathrm{src}, \mathrm{tgt}, \mathrm{lbl}, \varphi \rangle$，其中 $\langle V, E, \mathrm{scr}, \mathrm{tgt}, \mathrm{lbl} \rangle$ 是有标签的有向多重图，V 和 E 分别表示节点和边的集合，$\mathrm{src}: E \to V$、$\mathrm{tgt}: E \to V$、$\mathrm{lbl}: E \to V$ 分别表示每条边都有起始节点、终止节点和标签，$\varphi: V \cup E \to 2^P$ 表示属性键值对的集合[22]。相较于面向 RDF 的三元组数据库，图数据库在数据关系检索方面

具有更大的优势，通常以简单的 Cypher 语句便可实现查询功能，且执行效率更加高。Neo4j V4.1.11 启动后浏览器界面如图 1-14 所示，具体使用将在后续章节中详细介绍。

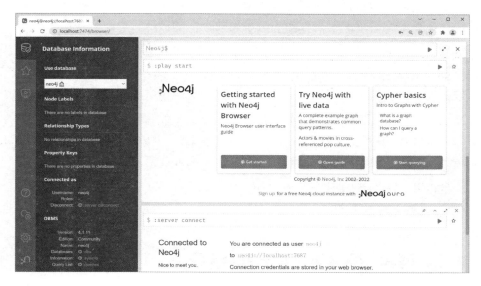

图 1-14　Neo4j V4.1.11 启动后浏览器界面

2）JanusGraph

JanusGraph 是一种面向分布式集群的开源图形数据库管理系统，可以存储千亿级节点和边的大规模图，支持高并发复杂实时图遍历和分析查询，大型图上的复杂遍历查询效率达毫秒级。JanusGraph 集成第三方分布式索引库 Elasticsearch、Apache Solr、Apache Lucene 作为索引后端，可作为图形数据库引擎使用，支持全文检索。

3）TigerGraph

TigerGraph 是一款"实时原生并行图数据库"，可在云端、本地等多终端部署，支持水平和垂直扩展，可以对集群中的图数据自动分区，具有非常强大的查询语言和算法库。相较其他图数据库，TigerGraph 在多跳路径查询、批量数据加载和实时更新方面优势尽显，2 跳路径查询可比其他图数据库快 40～337 倍，数据加载速度是其他图数据库的 1.8～58 倍，存储相同原始数据所需的磁盘空间更小。TigerGraph 支持查询语言 GSQL，该语言结合

SQL 风格的查询语法和 Cypher 风格的图导航语法，并加入过程编程和用户自定义函数。

选择合适的知识图谱存储方案是支撑知识应用的基础，实际应用场景中也不乏继续沿用基于表结构的关系型数据库的情况，对于高度结构化的数据存储差异不大，但在 2 跳、3 跳路径查询方面较为低效。结合 DB-Engines 数据库排名，从存储方法、系统特征等角度对常用的图谱数据库进行比较测评，综合分析得出结果：数据规模上，稍高配置的单机系统和主流 RDF 三元组数据库可以支持百万级三元组的存储管理，更大规模则需要部署具备分布式存储与查询能力的数据库系统。随着三元组库和图数据库的融合发展，基于图数据库的 RDF 三元组管理也是很常用的方式，前提是需要根据图谱映射规则对 RDF 三元组进行格式转换，生成属性图的格式再进行管理。

1.3　国内外典型科研知识图谱项目

知识图谱在语义检索、数据分析、自然语言处理、智能问答等方面体现出极大的应用价值，其发展过程经历了从早期知识库项目、大数据时代的知识图谱到垂直领域知识图谱等阶段。典型的通用知识图谱项目有：社区协作构建的大规模链接数据库 Freebase（目前已关闭，数据和 API 服务均迁移至 Wikidata），开源的多语种知识库 Wikidata，多语言词典知识库 BabelNet，集成 Wikipedia、WordNet、GeoNames 的链接数据库 Yago，以概念层次体系（概念定义和概念之间的 IsA 关系）为中心的微软概念图（Microsoft Concept Graph），包含政府、生命科学、出版、社交媒体等 8 个领域的 1301 个数据集及 16283 个链接（更新至 2020 年 5 月）的关联开放数据云（The Linked Open Data Cloud，LOD Cloud）及面向中文域的开放知识图谱 OpenKG 等。相较而言，领域知识图谱知识结构更加复杂、对知识要求更高，面向知识来源更广泛的特定领域如金融证券、创投、电商、中医临床等，典型的领域知识图谱实践有医疗领域包含百亿级 RDF 三元组的 Linked Life Data、类层次结构复杂的 GeneOnto[23]等。随着知识图谱构建技术的发展及与领域知识特点的结合应用，其服务场景越来越多元化。

以科技文献资源为语料基础的学术领域，知识图谱通常用于支持数据发布、知识搜索、知识标引等形态的应用，也被称为关联数据，服务于专业技术人员或特定行业从业人员。学术界与知识图谱的结合由来已久，早在 2013 年欧盟、美国和澳大利亚政府就联合成立了国际研究数据联盟（Research Data Alliance），通过科研数据交换机（Research Data Switchboard）、科研图谱（Research Graph）关联出版物、研究数据、科研人员、资助项目。此后，相关研究实践不断推进，以图书情报领域为例，英国 BBC 定义涵盖音乐、野生动物、体育等实体类型的知识本体，并以此为基础将新闻信息转化为机器可读的 RDF 三元组图格式进行内容的管理和报道的自动生成[24]，上海图书馆以书目框架（Bibliographic Framework，BIBFRAME）为基础框架构建包含家谱、手稿、名人等资源的家谱关联数据。

1.3.1　Springer Nature SciGraph

作为世界领先的研究、教育和专业出版商，施普林格·自然（Springer Nature，SN）推出的关联开放数据 SciGraph 主要目标是通过整合众多来源（数据库、API、zip 文件等）的传统出版格式（如 PDF、TIFF、HTML、ePub、XML 等）全领域内容资源，如科研项目、科研机构、出版物、会议等（其他如引用、专利、临床试验等数据将分阶段推出），为学术出版领域构建关联数据知识图谱，实现数据关联、互操作和数据挖掘等功能，增加出版内容的可发现性和价值，最终为研究人员、作者、图书管理员、数据科学家、资助者等一系列科研活动主体提供开放关联数据工具和服务。SN SciGraph 项目始于 Springer 和 Nature 合并之后，以 NPG Linked Data、Nature Ontologies 为原型，继承和复用 VoID（Vocabulary of Interlinked Datasets）、VANN（Vocabulary for Annotating Vocabulary Descriptions）等通用词表及 SKOS（Simple Knowledge Organization System），基于 nature.core 核心本体构建 SciGraphCore ontology，采用 schema.org 描述规范将领域模型和书目数据（期刊、论文、图书、协议等）统一起来，汇聚整合成规模超过 15 亿个 RDF 三元组的第三方关联数据集，并与书目本体（Bibliographic Ontology，BIBO）、出版需求工业标准元数据（The Publishing Requirements for Industry Standard Metadata，PRISM）、VIVO-ISF（Integrated Semantic Framework）本体、DBpedia 等之间建立主题词或类和属性的映射关系，支持语义检索、动态语义发布及丰富的 Web 元数据获取，是学术领域最大的关联开放数据聚合平台。

　　SN SciGraph 包含期刊、论文、专著、专著章节、机构、资助者、经费、专利等核心类，其中专利类需要通过子类模式（作为 schema: CreativeWork 子类）创建一个特别的实体类型，其余类对应 schema.org 站点上指定的词汇及语义。SN SciGraph 数据模型与组成如图 1-15 所示，以 JSON-LD 格式的 RDF 集形式进行发布，可为用户提供按文件类型下载的服务。

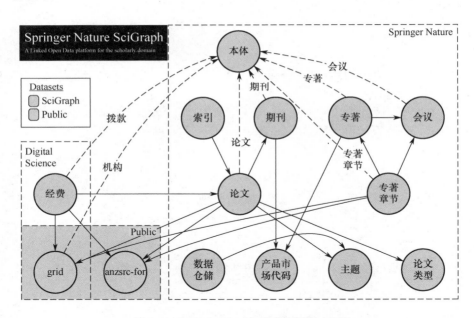

图 1-15　SN SciGraph 数据模型与组成

　　SN SciGraph 关联数据发布与查询平台根据文献类型分类给出列表查询结果，基于每条结果提供多元化详情、标识符、图谱可视化、返回的 JSON-LD 数据片段、三元组等。图 1-16 展示了以 "quantum computing" 为检索词的查询结果，包括检索结果列表界面和可视化界面。数据获取方面，SN SciGraph 的授权许可协议采用通用的知识共享许可协议。

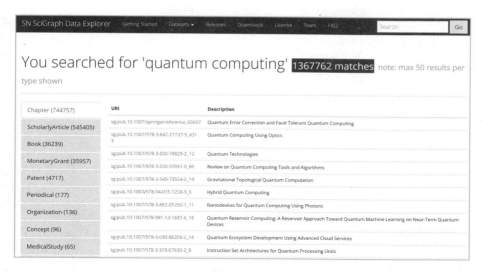

（a）检索结果列表界面

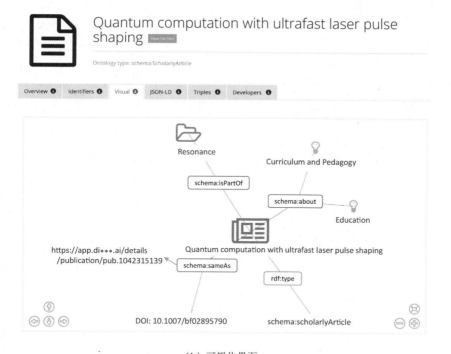

（b）可视化界面

图 1-16　以"quantum computing"为检索词的查询结果

1.3.2　AceKG

AceKG（Acemap Knowledge Graph）是由国内上海交通大学 Acemap 团队发布的语义学术异构图谱，数据集规模近百 GB。AceKG 本体模型和数据结构框架分别如图 1-17、图 1-18 所示[25]，描述了亿级多类型学术实体和十亿级关系信息，其中包括超过 2 亿篇论文、1 亿多个作者、76 万多个领域、2.6 万个学术机构等。AceKG 的前身是面向学术大数据的可视化分析平台 Acemap，包括合作者、论文、师承等在内的多种学术地图，AceKG 是基于知识地图 Acemap 演变而来的 RDF 三元组图数据库，支持用户定制个性化的学术地图，并孵化出 AceRankings 机构排名系统等系列产品。

AceKG 定义了出版地点、论文、研究领域、作者、机构五种核心实体类型，其中出版地点包含会议和期刊两个子类，支持基于知识图的规则推理。为了处理同义和歧义，定义类中的每个实体都分配了一个 URI，如 ace:7E7A3A69 和 ace:7E0D6766 分别表示两位姓名相同的学者。

AceKG 的构建思路是在网络拓扑结构基础上加语义信息，以期为学术大数据挖掘项目提供支持。与其他学术/科研知识图谱相比，AceKG 的优势体现在：

（1）提供包含多样学术实体及相应属性的学术异构图谱，支持各种学术大数据挖掘实验。

（2）全面覆盖学术本体中大多数实例，包括论文、作者、领域、机构、期刊、会议、联盟等，使得基于 AceKG 进行的学术研究更具说服力和实用价值。

（3）与 ACM、IEEE 和 DBLP 等计算机科学数据库建立实体映射，可帮助科研人员整合多个数据库的数据进行知识挖掘。

（4）使用 TDB 数据库存储各实体类型的 RDF 三元组数据（序列化格式为 Turtle），易于机器处理，支持所有的 Apache Jena API 并提供 SPARQL 引擎支持图谱数据查询。

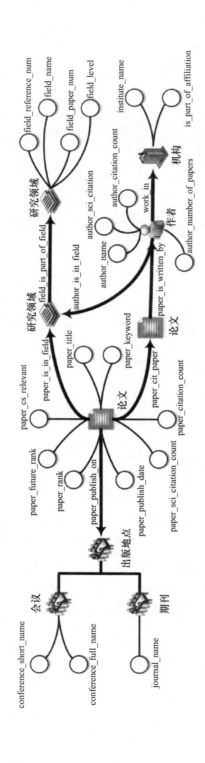

图 1-17　AceKG 本体模型[25]

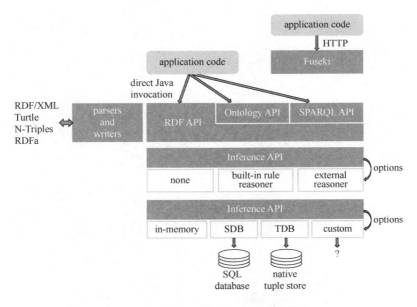

图 1-18　AceKG 数据结构框架[25]

1.3.3　Open Academic Graph

开放学术图谱（Open Academic Graph，OAG）是由清华大学和微软研究院联合发布的迄今为止规模最大的开放异构学术图谱，数据来源是AMiner 的海量学术资源和微软的多资源实体类型的异构学术图谱 MAG（Microsoft Academic Graph）[26]。OAG 发布过 2 个版本，OAG V1 是通过Microsoft Graph Search API 查询一篇 AMiner 论文的标题，将查询结果中标题、作者姓名和出版年份都相同的论文匹配在一起，准确率超过 97%[27]。2019 年发布的 OAG V2 则包含更多类型数据——出版地点（Venue）、论文（Paper）、作者（Author）及相应的链接关系，通过框架 LinKG 实现异构实体的匹配。LinKG 由三个实体匹配链接的功能模块组成（LinKG 框架见图 1-19），可应对资源的大规模、异质性和模糊性挑战[26]。

（1）出版地点链接：理想情况下，利用与出版地点相关的属性就可实现两个图中的实体链接，如出版地点全名信息、关键词、出版物及出版物作者，然而现实情况往往更加复杂，数据集中的许多期刊发表了数百万篇论文，这些论文又与数百万个作者相关，很难直接有效利用。由于出版地点匹配任务中全名单词的相对顺序表现出极大的重要性，且同一个出版地点表达长度不一（有前缀或后缀情况），故采用长短时记忆网络（Long Short-Term Memory，LSTM）的方法来匹配出版地点。

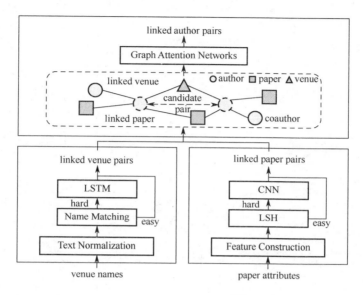

图 1-19　LinKG 框架[26]

（2）论文链接：源学术图谱的亿级论文规模使得论文匹配面临诸多挑战，论文标题及作者列表等属性均被纳入计算范畴，采用局部敏感哈希（Locality-Sensitive Hashing，LSH）和卷积神经网络叠加的方式进行匹配。

（3）作者链接：由于普遍存在的作者名称歧义性问题，作者匹配相较于其他类型的实体链接更具难度。此项功能模块充分利用出版地点和论文的匹配结果，每个作者构造包含发文、出版地点和合作者的局部子图，具有相似名称的作者生成候选对，进而构建非均匀高斯图，已经匹配上的实体会使得这两个子图连通，然后采用异构图注意力网络（Heterogeneous Graph Attention Network，HGAN）确定每对候选作者是否匹配。

链接关系的数据描述格式为两个来源的实体 ID 对，JSON 表示为：

{

"mid": "ID1 ",

```
    "aid": "ID2 "

    }
```

其中，mid 是 MAG 实体 ID，aid 是 AMiner 实体 ID。

OAG 提供免费文件下载功能，OAG V2 中论文数据模型如表 1-4 所示，包含 id、title、author.name、author.org、author.id 等属性。

表 1-4　OAG V2 中论文数据模型

字段名称	字段类型	描　　述	样　　例
id	string	论文 ID	6cf568631d6a1dcdd96f237b
title	string	标题	Data mining: concepts and techniques
author.name	string	作者	Jiawei Han
author.org	string	作者机构	Department of Computer Science, University of Illinois at Urbana-Champaign
author.id	string	作者 ID	53f42f36dabfaedce54dcd0c
venue.id	string	出版地点 ID	53e17f5b20f7dfbc07e8ac6e
venue.raw	string	出版地点	Inteligencia Artificial, Revista Iberoamericana de Inteligencia Artificial
year	int	发表年份	2000
keywords	list of strings	关键词	["data mining", "structured data", "world wide web", "social network", "relational data"]
n_citation	int	引用量	40829
page_start	string	起始页	11
page_end	string	结束页	18
doc_type	string	文件类型	book
lang	string	语种	en
publisher	string	出版商	Elsevier
volume	string	卷	10
issue	string	期	29
issn	string	国际刊号	0020-7136
isbn	string	国际书号	1-55860-489-8
doi	string	数字对象标识符	10.4114/ia.v10i29.873
pdf	string	pdf URL	//static.aminer.org/upload/pdf/1254/370/239/53e9ab9eb7602d970354a97e.pdf
url	list	统一资源定位符	["http://dx.***/10.4114/ia.v10i29.873", "http://polar.***.php/ ia/ article/view/479"]
abstract	String	摘要	Our ability to generate...

1.3.4　领域/专题科研知识图谱

1．Elsevier 知识图谱

国际化多媒体出版集团 Elsevier 主要为科学家、科研人员、学生、医学及信息处理专业人士提供信息产品和革新性工具，Elsevier 知识图谱构建目标是结合机器学习将内容转换为答案，即将基于海量数据抽取形成的知识用来驱动问答等各种知识应用，为用户提供高效的知识服务或解决方案。图 1-20 展示的是 Elsevier 知识图谱平台，包含科研、生命科学、医疗保健 3 个领域模块主要数据源自其构建的数据网络，包括文献资源（论文、专著）、用户日志、作者、机构、资助者、引用等。

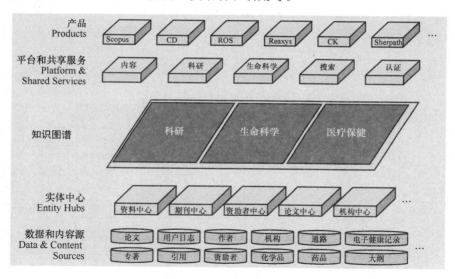

图 1-20　Elsevier 知识图谱平台

生命科学知识图谱主要是实现基于语义文本挖掘的生物路径提取、基于文本分析的生物活性及化学结构与性质的抽取。医疗保健知识图谱则是利用机器学习将该领域基于医学文献（期刊论文、教科书、总结报告等）、传统数据库（药品、统计数据等）等可信资源获取的知识内容概念和关系关联起来，通过可扩展的、易于导航的信息服务解锁知识，包含 40 万个概念、800 万条关系、7.5 万种疾病、4.6 万个药物及 6 万多程序和 9 万个症状等多语种内容，支持到外部术语的映射及文献和外部参考文献的链接，可

获取围绕医学名称和不同医学实体之间语义关系的附加信息和上下文，包括年龄、性别、种族等群组信息。整个图谱构建任务过程中，需要大量专家通过交互式创作界面手工标记知识图谱中的概念和关系，并标明出处信息和图表元素。医疗保健知识图谱可通过子图抽取和 API 获取，提供 JSON 和 JSON-LD 两种序列化格式，支持信息检索、推荐及临床决策支持服务。

2. KGen

KGen（Knowledge Graph Generation）是退行性疾病领域中基于非结构化科技文献抽取生成知识图谱的典型案例，旨在将研究人员的新发现与现有知识联系起来以产生新的假设，进一步推进科学研究[28]。KGen 依托生物医学领域语义技术及领域本体等基础知识资源的支撑，可达到文本句子级的实体和关系识别抽取。图 1-21 展示的是 KGen 的体系架构，主要包括以下四部分[29]。

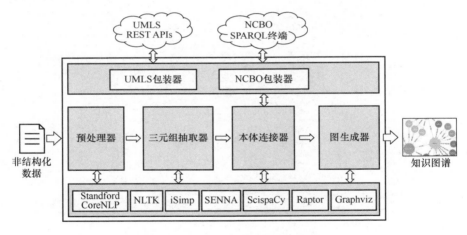

图 1-21　KGen 的体系架构[29]

（1）预处理器：支持纯文本格式的非结构化数据输入，分别使用分句器、NLP 工具 Stanford CoreNLP 进行句子识别和共同引用、缩写解析。

（2）三元组抽取器：主要是对预处理后的每个句子进行识别，以确定候选谓语、主语和宾语。具体为首先利用语义角色标记（Semantic Role Labeling，SRL）技术识别句子中的动词、施事者、受事者和其他语义角色，然后基于算法识别出主语、谓语和宾语，显然动词映射成谓语。

（3）本体连接器：将句子拆分并通过词性（Part of Speech，PoS）标记器标记（如名词、动词、形容词等），获取所引用句子的解析树，识别作为谓语候选项的动词和作为主语/宾语候选项的名词短语，将这些候选对象与本体进行匹配以找到与本体概念和属性对应的关系。将这个过程形式化表达，即句子 $S=\{t_0, t_1, \cdots, t_n\}$ 是由一组术语 t_i 组成，每个术语都有一个与（t_i, p_i）相关的 PoS，谓语候选词 $p_c=t_i/p_i=$"VB"是一个词性为动词的术语，主语/宾语候选词 $so_c=\{t_i\}$ 是一组词性为名词短语（Noun-Phrases，NP）的术语，其在解析树中的父级节点为名词短语。每个候选词都与本体元素相关联。

（4）图生成器：三元组和本体链接作为输入，图生成器为三元组中的主谓宾分别创建本地资源并将其关联到从本体链接获取的资源，生成 Turtle 格式的图谱数据并通过 Raptor 将其转换为边和节点，使用 Graphviz 将边和节点集生成图形图像。

图 1-22 展示了 "This study confirms the high prevalence of poststroke cognitive impairment in diverse populations." 基于本体链接的图表示生成过程。

3. 新冠科研知识图谱

为抗击新型冠状病毒肺炎（Corona Virus Disease 2019，COVID-19）引发的全球大流行疫情，临床医生和科学家需要依赖大量相关信息，国内外知名高校快速做出响应开展新冠科研知识图谱构建，致力于从生物医学知识的科学文献中发现疾病机制和相关生物学功能。

通过 OpenKG.CN 开放的新冠科研知识图谱（COVID-19 Research KG）是由国内浙江大学、华为云团队基于美国国家生物技术信息中心（National Center for Biotechnology Information，NCBI）中 Taxonomy 模块、全球流感数据库、Nextstrain 网站等多来源数据联合构建的知识图谱，结合自然语言处理和知识图谱技术，自动化地从专业文献等非结构化数据中抽取 SARS-CoV 相关的知识点并整合而成，于 2020 年 2 月 10 日首次公开，包含病毒分类图谱（Virus Taxonomy KG）、新冠基本信息图谱、抗病毒药物图谱（Antiviral Drug KG）、新冠亲缘关系图谱（SARS-CoV-2 Phylogeny KG）及新冠文献抽取图谱（SARS-CoV-2 Literature Extraction KG），共 17 个概念、

220 多万个 RDF 三元组，预计将应用于药物发现、病毒变异性预测等信息服务场景。其中，概念及实体标识采用 Base64 编码，属性名称采用 URL 风格编码。

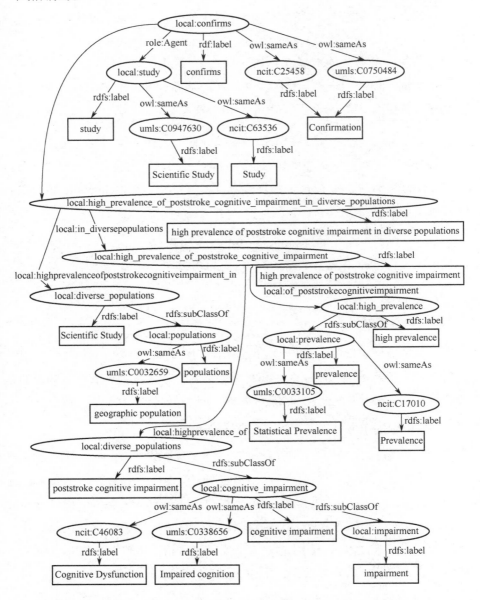

图 1-22　"This study confirms the high prevalence of poststroke cognitive impairment in diverse populations." 基于本体链接的图表示生成过程[29]

图 1-23 所示为病毒分类图谱的数据描述模型，包含 16 个概念、15 个对象属性。

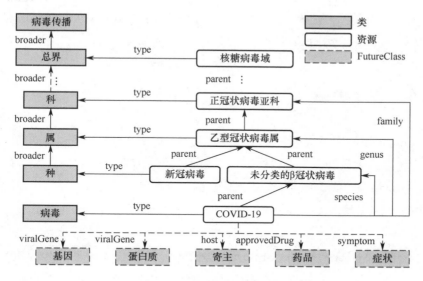

图 1-23 病毒分类图谱的数据描述模型

（1）parent 关系用于连接资源之间的层级，如家族树种 COVID-19 病毒的上层节点是未分类的 β 冠状病毒 Betacoronavirus，可以通过 parent 关系向上遍历家族树。

（2）种（species）、属（genus）、科（family）等关系将病毒直接连接到其属类别、种类别节点，这样即可不通过遍历家族树直接找到其属。

（3）broader 用于连接不同的家族概念，例如，属是物种更广泛的家族概念。

（4）虚线中的关系和概念是将在未来工作中添加的关系和实体类型，如病毒的基因实体、蛋白质实体、宿主实体等。

伊利诺伊大学香槟分校、哥伦比亚大学等国外高校基于科技文献（25534 篇科研论文）、生物医学本体等联合构建多模态 COVID-19 知识图谱，包含基因表达、转录、蛋白质分解代谢、磷酸化等 13 类实体，以及基因和化学品的交互、化学品和疾病的关联、化学品和基因本体（Gene Ontology，GO）的丰富关联、化学品和通路的丰富关联等 133 类关系。该图谱共有 50864 个基因节点、7230 个疾病节点、9123 个化学节点、1725518 个化学品－基因关联关系、5556670 个化学品－疾病关联关系和 77844574 个基因－疾病关联关系，并以此支撑与 COVID-19 相关的基因、化学品及与 COVID-19 相似的疾病等内容的智能问答。

1.4　本章小结

　　知识图谱本质上是一种揭示实体之间关系的语义网络，可以为海量、异构、动态的大数据提供有效的表示、组织、管理和利用方式，涉及本体构建、知识抽取、知识融合、知识推理、图数据存储等多方面的技术。目前，知识图谱在自然语义处理、深度学习等技术的推动下，正稳步向成熟化和实例化迈进。知识图谱的构建和应用已经成为众多出版商和知识服务提供商的必要基础，Springer Nature、Elsevier 等相继基于出版物信息推出科研知识图谱。面向科技文献的知识图谱构建与应用是学术界的必然趋势，结合知识服务场景、实现智能知识服务是未来相关研究的重点关注内容。

参考文献

[1] SOWA J F. Principles of semantic networks: Exploration in the representation of Knowledge[J]. Frame Problem in Artificial Intelligence, 1991(2-3):135-157.

[2] BERNERS-LEE T, HENDLER J, LASSILA O. The Semantic Web: A New Form of Web Content That is Meaningful to Computers will Unleash a Revolution of New Possibilities[J]. Scientific American, 2001, 284(5): 34-43.

[3] AUER S, BARNAGHI P. Linked Data—The Story So Far[J]. International Journal on Semantic Web and Information System, 2009, 5(3): 1-22.

[4] PAN J Z, VETERE G, GOMEZ-PEREZ J M, et al. Exploiting Linked Data and Knowledge Graphs in Large Organisations[M]. Switzerland: Springer International Publishing, 2017.

[5] 张晓林. 颠覆性变革与后图书馆时代——推动知识服务的供给侧结构性改革[J]. 中国图书馆学报, 2018, 44(1): 4-16.

[6] MORWAL S. Named Entity Recognition using Hidden Markov Model[J]. International Journal on Natural Language Computing, 2012, 1(4): 15-23.

[7] RATNAPARKHI A. A simple introduction to maximum entropy models for natural

language processing[R]. Philadelphia: UNIIRCS Technical Reports Series, 1997.

[8] MCCALLUM A, LI W. Early results for named entity recognition with conditional random fields, feature induction and web-enhanced lexicons[J]. Association for Computational Linguistics, 2003, 4:188-191.

[9] SETTLES B. Biomedical named entity recognition using conditional random fields and rich feature sets[C]//Proceedings of the International Joint Workshop on Natural Language Processing in Biomedicine and Its Applications, 2004: 107-110.

[10] DOYA K. Bifurcations of Recurrent Neural Networks in Gradient Descent Learning[J]. IEEE Transactions on Neural Networks, 1993(1): 75-80.

[11] XU K, FENG Y, HUANG S, et al. Semantic relation classification via convolutional neural networks with simple negative sampling[J]. Computer Science, 2015, 71(7): 941-949.

[12] WANG L, CAO Z, DE MELO G, et al. Relation classification via multi-level attention CNNs[C]//Proceedings of the 54th Annual Meeting of the Association for Computational Linguistics (Volume 1: Long Papers)，2016: 1298-1307.

[13] ZHOU P, SHI W, TIAN J, et al. Attention-based bidirectional long short-term memory networks for relation classification[C]//Proceedings of the 54th Annual Meeting of the Association for Computational Linguistics (Volume 2: Short Papers)，2016: 207-212.

[14] DEVLIN J, CHANG M W, LEE K, et al. BERT: Pre-training of Deep Bidirectional Transformers for Language Understanding[C]//Proceedings of the 2019 Conference of the North American Chapter of the Association for Computational Linguistics: Human Language Technologies. Minneapolis, Minnesota: ACL, 2019: 4171-4186.

[15] STEFANOVA S, RISCH T. Scalable reconstruction of RDF-archived relational databases[C]//Proceedings of the 5th Workshop on Semantic Web Information Management，2013: 1-4.

[16] 刘振，张智雄. RDB-to-RDF 的技术方法和工具综述[J]. 现代图书情报技术，2014, 30(11): 17-23.

[17] ROSHDY M H, FADEL K M, EL YAMANY H F. Developing a RDB-RDF management framework for interoperable web environments[C]//IEEE Eurocon 2013, 2013: 307-313.

[18] SHVAIKO P, EUZENAT J. Ontology matching: state of the art and future challenges[J]. IEEE Transactions on Knowledge and Data Engineering, 2011, 25(1): 158-176.

[19] KNAP T, HANEČÁK P, KLÍMEK J, et al. UnifiedViews: An ETL tool for RDF data management[J]. Semantic Web, 2018, 9(5): 661-676.

[20] 王昊奋，漆桂林，陈华钧. 知识图谱方法、实践与应用[M]. 北京：电子工业出

版社，2019.

[21] 李悦，孙坦，赵瑞雪，等. 大规模 RDF 三元组转换及存储工具比较研究[J]. 数字图书馆论坛，2020(11): 2-12.

[22] HARTIG O. Reconciliation of RDF and Property Graphs[J/OL]. ArXiv: 1409. 3288, 2014.

[23] ASHBURNER M, BALL C A, BLAKE J A, et al. Gene ontology: tool for the unification of biology[J]. Nature Genetics, 2000, 25(1): 25-29.

[24] KOBILAROV G, SCOTT T, RAIMOND Y, et al. Media meets semantic web–how the BBc uses dbpedia and linked data to make connections[C]//European Semantic Web Conference. Springer, Berlin, Heidelberg, 2009: 723-737.

[25] WANG R, YAN Y, WANG J, et al. AceKG: A large-scale knowledge graph for academic data mining[C]//Proceedings of the 27th ACM International Conference on Information and Knowledge Management，2018: 1487-1490.

[26] ZHANG F, LIU X, TANG J, et al. OAG: Toward linking large-scale heterogeneous entity graphs[C]//Proceedings of the 25th ACM SIGKDD International Conference on Knowledge Discovery and Data Mining，2019: 2585-2595.

[27] TANG J, ZHANG J, YAO L, et al. Arnetminer: extraction and mining of academic social networks[C]//Proceedings of the 14th ACM SIGKDD International Conference on Knowledge Discovery and Data Mining，2008: 990-998.

[28] ROSSANEZ A, DOS REIS J C. Generating Knowledge Graphs from Scientific Literature of Degenerative Diseases[C]//Proceedings of the 4th International Workshop on Semantics-Powered Data Mining and Analytics，2019: 12-23.

[29] ROSSANEZ A, DOS REIS J C, TORRES R S, et al. KGen: a knowledge graph generator from biomedical scientific literature[J]. BMC Medical Informatics and Decision Making, 2020, 20(4): 1-24.

第 2 章

智能知识服务

　　知识服务指以信息知识的搜集获取、组织、挖掘分析、重组等为基础，根据用户的问题和环境针对性提炼知识，提供能够有效支持知识应用和知识创新的信息服务过程[1]，是信息管理、图书情报领域的关键科学问题。随着大数据、人工智能、云计算等技术的快速发展与融合，当今知识资源与知识环境发生了深刻变革，知识服务也面临着转型发展，进入以智慧、精细化服务为核心的后知识服务时代，语义检索、智能问答、智能推荐、知识关联发现等各类高级形态智能知识服务应运而生，知识图谱的构建与应用也逐渐发展成智能知识服务的必要基础。

2.1　语义检索

2.1.1　语义检索的含义

　　信息检索（Information Retrieval，IR）是指从信息资源集合中获取与信息需求相关的信息资源的过程，主要有面向文档的检索和面向数据的检索两种方式。为帮助用户在海量资源中定位到相关信息，改进信息检索过程，除传统信息检索模型[2]——向量空间模型（Vector Space Models，VSM）和概率模型（Probabilistic Models）外，信息检索领域研发出系列扩展算法模型，如潜在语义索引（Latent Semantic Indexing，LSI）[3]、基于机器学习的神经网络（Neural Network）、符号学习（Symbolic Learning）、遗传算法（Genetic Algorithms）[4]、概率潜在语义分析（Probabilistic Latent Semantic Analysis，PLSA）[5]等。然而，随着网络的快速发展和数字资源的日益丰富，高效的信息检索变得越来越困难，查全率和查准率均面临巨大挑战。语义检索是 2001 年由 T. Berners-Lee 等提出的概念[6]，本质是通过数学来摆脱传统信息检索中使用的猜测和近似，为词语的含义及它们如何关联到用户在检索框中所找的内容引进一种清晰的理解方式，目的是通过语义网技术提高信息检索性能。语义检索目前没有统一的定义，部分学者从语义检索引擎角度出发，认为语义检索是运用语义网相关技术与标准对网络资源进行语义标注，并对用户的查询请求进行语义处理，使其具备语义上的逻辑关系，从而实现语义推理和精确、全面检索的过程。戴维·阿默兰德[7]认为，语义检索使得搜索引擎的工作不再拘泥于用户所输入请求语句的字面本身，而是透过现象看本质，准确地捕捉到用户所输入语句后面的真正意图，并以此来进行检索，从而向用户返回最符合其需求的检索结果。

简单地说，语义检索基于含义实现实体、概念、分类、关系查询等知识检索，"读懂"用户的真正需求，使检索智能化、人性化，根据用户意图返回更加准确、全面的检索结果。语义检索的实现主要包括两个方面工作：①对用户检索需求的语义理解，语义检索试图通过理解检索者的意图和检索词出现在检索空间的语境意义来提高检索精度；②对文献的语义标注。语义检索的核心是基于用户的检索，对文档所蕴含的语义信息进行充分挖掘，同时把用户的检索要求转换成相应的语义表示，从语义层面理解用户查询。语义检索通常需考虑检索上下文、位置、意图、词的变化、同义词、广义和专门查询、概念匹配和自然语言查询，以提供最相关的检索结果。

2.1.2　语义检索方法与架构

传统的检索技术是在词计算模型的基础上发展起来的，通过连接分析加以改进，不能充分表达语义信息。语义检索将传统的信息检索范式从单纯的文档或数据检索扩展到实体和知识检索，并从另一个角度改进了传统的信息检索方法，即词的含义可以用 RDF 和 OWL 等本体语言形式化，并以机器可处理的格式表示。通过对资源的逻辑表示，语义检索能够基于查询和知识库推理检索出有意义的结果[8]。例如，在语义检索系统中，"中国农业科学院的院士"查询含义解释为与机构有关（工作、附属）的人员（学术称号为院士的科研人员），不再是传统信息检索中根据查询的词法形式解释查询。

语义检索涉及信息检索、人工智能、语义网、语义网信息挖掘等众多研究领域，充分运用了图理论、匹配算法、描述逻辑[9]和模糊逻辑等研究方法，常用的技术方法[10]如下。

（1）借助本体技术实现知识内容的语义描述。从资源组织的角度来看，本体作为一种描述概念及其属性、关系的工具，是结构化、语义化资源组织的重要概念模型，是语义检索的基础。本体中的概念可以对资源进行聚类，属性可以描述资源间丰富的语义关系，目前许多研究者探索了本体在非结构化信息描述、元数据转换和语义检索中的应用。

（2）采用关联数据实现语义关系描述。从语义编码角度来看，RDF 采用三元组对语义关系进行描述，可以通过 RDF 对概念模型进行编码，支持以 RDF 图形式进行的关系发现和语义检索。

（3）利用自然语言处理技术实现语义理解。从智能化处理角度来看，自然语言处理技术提供高效和智能的语义处理，可以解决检索过程中的语义标注、语义识别、语义排序和检索评价等问题。

（4）利用知识图谱为查询词赋予丰富的语义信息。从语义检索引擎系统角度来看，以 Google 为代表的搜索引擎公司利用知识图谱为查询词赋予丰富的语义信息，建立与现实世界实体的关系，从而帮助用户更快地找到所需的信息。知识图谱在语义检索上的应用是当前的研究热点，也是未来的主要发展方向。

语义检索需要结合多个研究领域的技术和实用系统实现，其架构必然要易于扩展且适应新的应用程序需求。典型的工作有：Wei 等[8]提出的六层语义检索系统架构，如图 2-1 所示，自底向上依次包括语义数据获取、知识获取、数据集成与整合、语义检索机制、语义检索服务和结果展示。

1．语义数据获取

语义数据获取组件针对非结构化（如网页、文本）、半结构化（如

XML、数据库中的数据）和结构化语义数据（如 RDF 数据集、RSS）等多源异构数据提供不同的采集方案，并将采集的非结构化和半结构化数据转换为结构化数据。

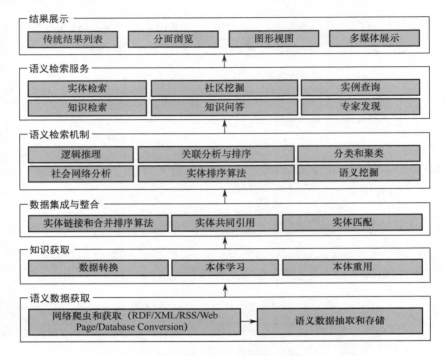

图 2-1　Wei 等[8]提出的六层语义检索系统架构

2．知识获取

语义网应用中获取知识的方法主要有三种。

（1）基于数据转换的方法。根据预先定义的模式将半结构化数据转换为结构化数据，适用于大量半结构化数据及模式定义明确的情况，这一方法在领域适应性上存在局限，尤其是在某些应用领域，半结构化数据可能不可用或者数据发布者不愿意发布此类数据。此外，该类方法不支持从非结构化数据转换生成结构化数据。

（2）本体学习的方法。在一定的容错率范围内将非结构化文本生成结构化数据或本体，适用于文本量大的情况，这种方式可以通过使用一些复杂的推理技术挖掘概念层次结构构建中的隐藏知识。目前已形成四类技术路径：基于词汇句法的方法、信息抽取、聚类分类和数据共现分析。

（3）本体重用的方法。继承、复用已有成熟本体中的部分或全部知识，可减少研究人员由于自身知识局限性和重复开发导致的额外开销、也可促进本体的知识图谱的关联、共享。

3. 数据集成与整合

知识获取过程中可能面临不同来源数据发布相同实体的情况，数据集成和整合为这一问题提供解决方案。关联数据原则为避免发布相同数据，提供了实体链接、共同引用等系列方法。此外，针对基于不同本体生成的异构语义实体，可通过本体匹配、实体匹配等技术实现知识融合。

4. 语义检索机制

检索机制是区分传统信息检索和语义检索的重要指标，语义检索机制主要是指实现语义检索服务的各类技术，如社会网络分析（Social Network Analysis）、语义关联分析（Semantic Association Analysis）、概率潜在语义分析等。图 2-1 所示的框架将语义检索系统简化为一组功能明确定义的流程，流程之间相互独立，可以定义不同的知识库、搜索机制和排序算法。

5. 语义检索服务

语义检索扩展了传统信息检索技术所能提供的服务范围，如实体检索和知识检索、知识问答、实例查询、社区挖掘、专家发现等。

6. 结果展示

语义检索结果展示除传统的结果列表和分面浏览外，还支持图形视图和多媒体展示。

2.1.3　语义检索系统分类

目前，国内外语义检索系统实践成果较为丰富，从检索方法、语义化程度、服务功能等角度归纳，语义检索系统主要分为五类[8]。

1．面向文档的检索

面向文档的语义检索可以理解为传统信息检索方法的扩展，其主要目标是检索文档，如网页、文本、出版物或本体。这类检索系统使用基于逻辑的知识表示语言标引文档，结合领域本体或受控词表提供原始文档主题或内容的近似表示（语义扩展），检索过程是对用户查询检索式与语义标引后的文档进行匹配。马里兰大学的 SHOE 检索系统[11,12]早期工作就是通过指定本体类的属性值来方便用户构造约束逻辑查询，以提升检索结果的精确度，然而手动注释的过程有着极大的局限性且结果缺乏推理支持。研究人员在验证逻辑推理对语义检索系统的重要性方面开展了大量工作，例如，OWLIR[13]将逻辑推理和传统信息检索技术集成，逻辑推理器利用语义标记和领域本体来提供增强的搜索结果；OntoText 实验室研发的 KIM 平台[14]基于命名实体有关的信息提取技术设计自动注释框架，通过内容的语义标注对实体类型、名称、属性和关系进行约束查询，以获得精确的检索结果。学术界在这一类检索方式方面也做了诸多尝试，面向科研人员信息获取需求的大型学术语义检索系统相继产生，如 IRIS 提供推理引擎，基于计算机科学文献领域本体规则进行推理获取隐含知识，并在用户与系统交互过程中推荐语义相关的概念，以方便用户浏览和细化查询[15]；FacetedDBLP[16]支持科学出版物的分面检索，概念分面使用 GrowBag 算法实现，该算法利用关键字共现来构建概念层次结构。

2．面向实体和知识的检索

面向实体和知识的检索方法扩展了传统信息检索的范围，基于此方法的检索系统通常将本体建模为有向图，利用实体间关联关系提供检索和导航，检索到的实体属性值及关系均被展示出来以提供额外的知识，丰富用户体验[17]。TAP 是最早在 Web 上进行大规模语义检索的实证研究之一，它通过理解查询术语的表示，以及使用覆盖广泛的知识库和基于图遍历的推理机制来增强检索结果，从而改进传统的文本检索[18]；CS AKTive[19]、RKB Explorer[20]和 SWSE[21]等系统则是基于"开放世界"和"关联数据"的原则实现，与语义网的"分布式"思想不谋而合。其中，SWSE 系统较为显著的特点是通过分析实体的逆功能特性将收集的数据混合集成解决方案，如

RDF 数据集、XML 数据库转储、各种静态和实时数据源，并使用上下文信息及改进的 PageRank 算法对检索到的结果进行排名[22]。

3．以关系为中心的检索

以关系为中心的检索关注用户查询术语之间的隐性关系，通常通过使用外部词典或知识库的推理过程来执行查询预处理[23]。例如，AquaLog 使用 WordNet 识别查询中出现的动词和名词的同义词，将其与知识库中的属性和实体名称匹配起来返回查询结果[24]；SemSearch 支持自然语言查询，并将其转换成用于推理的查询形式[25]；KIM 和 OntoLook 基于知识库推断查询术语的关系，KIM 可以理解查询 "company，Beijing" 是检索具有地理限制的公司（位于北京的公司）[26]，OntoLook 将查询词组合成概念对并发送到知识库以检索库中已确定的所有关系[23]。

4．语义关联分析

语义关联分析也称语义分析，本质是基于图论方法表示、发现和解释资源之间的复杂关系，从大量异构内容中发现新的见解和可操作的知识[27]，通过把 RDF 数据库建模为有向图的方式实现知识库中实体间关系的图路径表示。由于知识库中实体间关系数量远超实体数量，有效的语义关联搜索（如广度优先、基于启发式搜索技术等）和排序算法尤为重要，排序评估包括上下文、可信度、稀有性、流行度和关联长度等。较为典型的案例如 SemRank 结合语义和信息理论技术用于语义关联分析及排序[28]，MANA 多媒体表示生成系统实现语义关联的关系稳健性评估算法，可自动选择多媒体对象进行表示生成[29]。

5．基于挖掘的检索

语义检索的有效性很大程度上取决于底层知识库的质量和覆盖范围。迄今为止讨论的检索方法主要利用知识库中断言的显性知识或基于规则逻辑推理得出的隐性知识，信息提取、自然语言处理、逻辑推理和语义分析等技术无法轻易观察到 "隐藏知识"，如 "谁是知识图谱领域的专家？" "哪些机构在机器学习领域排名靠前？"。这些知识只能通过复杂的数据分析技术从大量数据中挖掘获得。基于挖掘的检索实践有：语义网络应用程序 Flink，提取、聚合和可视化在线社交网络，允许用户根据社交网络分析中的流行度量来识别语义网络社区中的杰出研究人员[30]；ONTOCOPI 系统采用广度优先算法和扩展激活搜索相结合的方法从知识库中识别实践社区[31]；AMiner 利用概率潜在语义分析模型根据用户查询对专家进行提取和排名，提供专家挖掘和发现服务[32]。

2.1.4　学术语义检索系统

语义检索引擎近些年已开始应用，企业级如 Powerset、Koxmix、Cuil、Hakia 等，尤其是 Google、Wolfram Alpha 和 Bing，让检索变得更加智慧。Google 推出的基于知识图谱的新一代语义检索模式使得检索超越检索词本身，进入由各种实体、实体的属性和实体的相互关系组成的世界，检索结果不仅限于一个链接清单，还包括一系列的事实和对检索问题的直接回答。在这些企业级语义检索引擎的推进下，基于知识图谱的语义检索实现了从理念构想向实践应用的过渡，国内典型代表有百度框计算、搜狗知立方等。企业级语义检索倾向于语义网资源的检索，面向科技文献的语义检索（学术语义检索）则以传统信息检索的语义扩展为主，利用叙词表、本体等知识组织体系实现语义丰富化，采用语义标注、自动抽取、关系发现等文本挖掘技术从非结构化文本中发现细粒度知识[33]。下面分别介绍几种典型的学术语义检索系统。

1. 开放 MEDLINE 检索工具 PubMed

PubMed 是美国国家生物技术信息中心开发的基于 Web 的生物医学信息检索系统，主要数据来源包括 MEDLINE、OLDMEDLINE、Record in process、Record supplied by publisher 等权威数据库，当前国际上最权威的生物医学文献数据库 MEDLINE 是其最大的组成部分。PubMed 支持基于医学主题词表（Medical Subject Headings，MeSH）同义词、统一医学语言系统（Unified Medical Language System，UMLS）映射、自定义映射（Catalogue et Index des Sites Médicaux de langue Française，CISMeF）三种查询语义扩展策略[34]，检索过程采用自动术语映射（Automatic Term Mapping，ATM）。以 PubMed 基于 MeSH 主题词的查询扩展功能为例，MeSH 是美国

国立医学图书馆（NLM）编制的权威受控主题词表，在文献检索中主要有准确性（准确揭示文献资源的主题）和专指性（主题词作为标准用语）两方面作用。ATM 将检索提问框中输入的非限定检索词依次与 MeSH 转换表、期刊转换表、作者索引进行对照匹配转换，若匹配上 MeSH 主题词就将其添加到原来的查询中。例如，检索词"tumor"（肿瘤）通过 ATM 匹配到主题词"Neoplasms"，则题名、文摘中有"tumor""Neoplasms"及其下位词的文献均被命中作为检索结果返回。随着生物医学领域文献数量的激增，PubMed 推出一种相关性搜索算法——最佳匹配（Best Match），采用机器学习技术改进搜索结果相关性排序。PubMed 语义检索示例如图 2-2 所示。

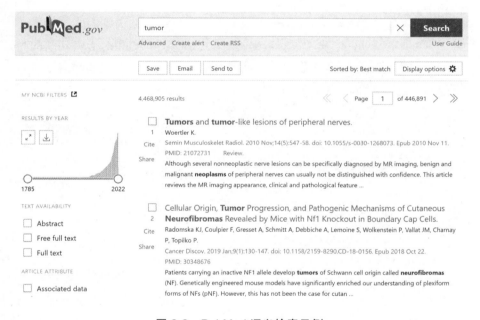

图 2-2　PubMed 语义检索示例

2. 基于本体的文献语义检索系统 NextBio

NextBio 平台是基于基因、疾病等本体连接高度异构的数据和文本信息的语义框架（目前已停止使用），整合 Science Direct、PubMed、临床实验等开放的研究数据进行文本挖掘，进而通过自然语言处理技术实现命名实体识别和消歧，提高检索性能，并为科研人员提供统一的界面，实现新假设的实验数据定制与测试。

3．基于 AI 的语义文献检索 Semantic Scholar

Semantic Scholar 是微软联合创始人 Paul Allen 旗下艾伦人工智能研究所 AI2 发布的免费学术检索引擎，旨在破除混沌（Cut through the Clutter），帮助科研用户从海量科技文献中快速筛选有用信息，提升检索和科研效率，其数据源包括 ArXiv、AMiner、CiteSeer 等。Semantic Scholar 采用机器学习技术从文献文本中抽取、确定研究主题，并提取图片、表格等多模态数据，呈现在文献检索页面，以期帮助科研用户快速理解文献内容、掌握主要思想。相较于其他基于人工智能的检索系统，Semantic Scholar 主要基于深度学习理解论文内容，更接近人机大战模式，有较高的学术知识搜索和过滤效率。

Semantic Scholar 语义检索结果返回页面如图 2-3 所示，其提供了学科领域、发表年份、是否有全文、文献类型、作者、期刊/会议名称等多个维度的二次过滤功能。

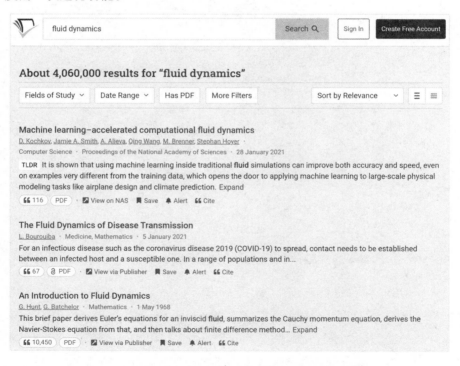

图 2-3　Semantic Scholar 语义检索结果返回页面

针对单篇论文提供"太长不读"（Too Long, Didn't Read，TLDR）功能，即利用深度神经网络自动生成的一句话摘要，目前主要针对计算机领域。文献详情页如图 2-4 所示，除结构化的展示外，Semantic Scholar 还提供若干特色功能：①分类引用，包括高影响力引用次数（Highly Influential Citations，HCI）、方法引用、背景引用和结果引用四类；②全文链接或全文直达；③科学家影响力评价。

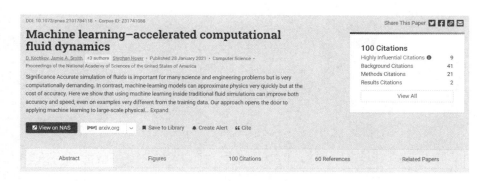

图 2-4　文献详情页

4．跨学科领域概念检索系统 Yewno Discover

Yewno Discover 是语义服务提供商 Yewno 公司开发的基于知识图谱的多语言知识发现平台，拥有数百万来自各学术领域的文章、书籍和数据库的语义链接和概念链接。Yewno 推理引擎将计算语言学、神经网络、机器学习、高级图论和认知科学融入智能框架，通过创建语义空间将来自大英词典、维基词条等数据源的跨领域概念关联起来，不同的数据源（如新闻、专利、股票价格等）和不同的相似性度量标准（如语义、句法、事实）形成不同的知识图（Knowledge Graphic）（Yewno 知识图示例如图 2-5 所示），支持检索词周边概念的关联呈现和针对用户个人喜好的精准推荐服务，助力新知识或新研究向量的发现。目前，Yewno Discover 广泛应用于国外大学图书馆，如哈佛大学图书馆、麻省理工学院图书馆等，并且与出版领域的 Yewno Unearth 产品互联互通。

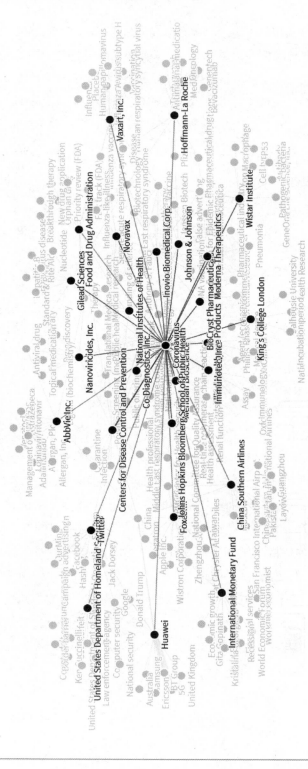

图 2-5　Yewno 知识图示例

2.1.5　基于水稻领域知识图谱的语义检索实践

基于知识图谱的语义检索是指基于知识图谱中的知识解决传统检索过程中遇到的关键词语义多样性及语义歧义的难题，通过实体链接实现知识与文档的混合检索。基于水稻领域知识图谱的语义检索系统实践目标是，为从事水稻研究的科学人员、研究机构快速获取农业水稻知识体系提供资源集成和知识服务平台，快速、准确地传递行业发展趋势及最新动向。

1．技术架构

基于水稻领域知识图谱的语义检索系统技术架构如图 2-6 所示，主要包括原始数据层、图谱构建层、图谱存储层和图谱应用层。

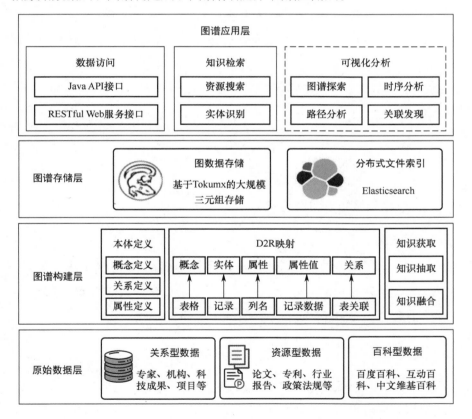

图 2-6　基于水稻领域知识图谱的语义检索系统技术架构

（1）原始数据层。原始数据主要分为三类：①关系型数据，包括水稻领域的专家、机构、科技成果、项目等；②资源型数据，包括论文、专利、行业报告、政策法规等；③百科型数据，包括百度百科、互动百科、中文维基百科。

（2）图谱构建层。图谱构建层包括水稻领域本体定义、D2R 映射和知识获取。本体定义根据提供的关系型数据、资源型数据和百科型数据进行水稻领域知识图谱的模式定义，形成水稻知识图谱数据 schema；D2R 映射主要提供关系型数据到水稻知识图谱 schema 的映射；知识获取主要对百科型数据进行知识抽取和知识融合。

（3）图谱存储层。基于 Tokumx 的大规模三元组存储为所构建的水稻知识图谱提供百亿级别以上三元组知识的存储与更新，保证知识图谱的流式处理流程中的效率。支持底层数据经过知识图谱学习过程不断对知识图谱进行补充和更新，并且为上层高速的数据访问提供支撑。同时，提供基于 Elasticsearch 构建水稻图谱的分布式文件索引。

（4）图谱应用层。图谱应用层提供数据访问的水稻基础数据读取接口，以及语义检索和各类可视化分析功能（如图谱探索、路径分析、时序分析、关联发现等）。

2．水稻领域知识图谱构建

选定水稻领域构建知识图谱全局知识分类体系，从不同来源、不同结构的数据中进行实体抽取、关联标注、概念消歧等。最终从品种谱系、产业链、主题分类等角度构建了水稻领域知识图谱，包含实体数 68 万个、属性 137 万条。

1）本体定义

本体定义主要对图谱中存在的实体类型和各实体的基本属性进行定义，即根据现有数据结构及应用需求对知识图谱中的数据模式进行定义，明确图谱中的实体、关系，以及各实体及关系的属性。

本体定义的基本步骤如下。

（1）分析已有关系型数据、资源型数据和百科型数据，构建水稻领域概念体系。邀请分类、学科专家把关顶层分类，并参考中国水稻研究所的水稻族系分类、水稻基因分类和开放百科分类。在下级分类体系方面，邀请多位志愿者对抓取的分类体系中概念之间的 subclass 关系进行正确与否的标注。如果志愿者中的多数人认为某一个 subclass 关系错误，就将该关系剔除；并对筛选后的百科分类体系进行合并，得到最终的水稻图谱的分类体系。

（2）定义水稻领域中论文、专利、人物、机构、项目、品种、产业链等实体的基本属性，包括论文发表日期、专利申请号、人物简介、品种信息等。

（3）定义水稻领域中论文、专利、人物、机构、项目等实体间的关系，包括人物–论文（专利、科技成果）关系、人物–机构关系、机构–项目关系等。

2）基于 D2R 映射的知识获取

D2R 映射主要把关系型数据转化为 RDF 三元组形式的语义数据，需要制定一组从关系型数据映射到语义数据的映射规范，并用 XML 语言描述，即 D2RML。对结构化数据进行知识映射的关键之处在于充分理解结构化数据中的基本结构，包括每个表格的含义及表格之间的关联，使用 D2RML 把结构化数据中的表格与知识图谱中的概念或实体关联起来。知识抽取服务连接映射文件中的目标数据库，读取相应表格中的数据，把关系型数据库中的表和列数据分别映射成概念的实体及实体的属性，然后把这些映射得到的知识存储到水稻知识图谱中。

一个典型的映射规则如下所示，它描述了从水稻数据库中映射水稻知识图谱的配置。

```
<?xml version="1.0" encoding="utf-8"?>

<config>
```

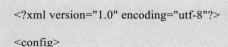

```xml
<dbconfig>

    <dbtype>mysql</dbtype>

    <dburl>jdbc:mysql://8.8.8.8:8888/film</dburl>

    <dbuser>root</dbuser>

    <dbpwd>root</dbpwd>

</dbconfig>

<mappings>

    <mapping>

        <table>person</table>    <!--源数据表-->

        <concept>作者</concept>    <!--导入目标概念 -->

        <name colname="name"/>    <!--实体名称来源列 -->

        <synonym colname="en_name"/>    <!--同义实体来源列 -->

        <attributes>    <!--实体属性来源列-->

        <attribute colname="institution" attrname="所属机构"/>

        </attributes>

    </mapping>

</mappings>

</config>
```

3）基于百科型数据的知识获取

水稻知识图谱的另一个数据源是中文百科型数据，利用百科型数据进行知识图谱构建时需要解决两个关键问题：知识抽取和知识融合。

（1）知识抽取。百科中的数据均以网页形式进行组织，可归类为半结构化数据。通常，百科中的一个页面对应一个实体。页面内容中有键值对形式的结构化信息，包括实体名、同义项、歧义项、实体简介、infobox、实体分类等；也有文本形式的非结构化信息，即页面中描述实体的正文部分，百科型数据的页面结构如图 2-7 所示。对于百科页面的获取与解析，通常根据站点的数据组织方式设计网页爬虫，根据页面结构定制包装器，进行页面的爬取与页面元素的定向解析。对于得到的结构化数据，可直接与本体中的属性进行映射，而对于非结构化数据，可针对特定属性定义抽取规则，在文本中进行基于模式的匹配，从而完成知识抽取，如在"旱稻"的百科页面中存在"旱稻又叫陆稻"的描述，则可围绕该句式定义抽取规则，完成同义关系的抽取。

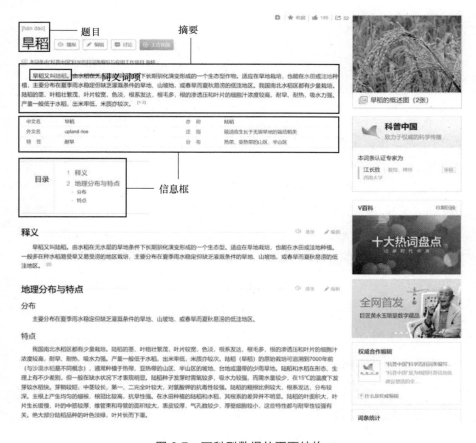

图 2-7　百科型数据的页面结构

（2）知识融合。知识融合的主要目标是解决不同来源知识的对齐问题，一般通过冲突检测和冲突解决来完成知识的对齐工作。对多来源的同一知识进行冲突检测，主要包括以下几个评判依据：①分类体系不同；②单值属性值不相同；③属性值相同，属性描述不同。

在检测到知识冲突后，基于置信度评分来解决知识冲突问题。百科型数据源可靠性从高到低依次为中文维基百科（0.5）、百度百科（0.3）和互动百科（0.2），括号中的数值为可信度。当知识冲突发生于数据源之间时，按数据源的可靠性进行取舍。例如，当一个单值属性的值在维基百科中取值为 A，在百度百科中取值为 B，由于维基百科的可靠性高于百度百科，因此应该选取 A 作为该属性的值。

3．服务实现

基于水稻领域知识图谱的应用包括语义检索、可视化导航和分析两大类。

1）语义检索服务

语义检索服务提供基于实体（专家、机构等）与关键词的数据检索，针对用户输入的自然语言进行理解，从知识图谱中或目标数据中给出用户问题的答案，实现了基于语义规则和模板的语义检索。例如，输入"水稻如何种植"，解析出实体为"水稻""种植"，并给出最相关的资源。语义检索结果界面如图 2-8 所示，主要包括五个部分：根据用户输入的句子进行实体解析并展示；根据用户输入的句子进行语义解析并展示在实体解析结果下方；根据实体解析结果和语义解析结果进行检索并返回检索结果；在右侧展示检索结果排列第 1 位的实体信息；在语义检索结果下方展示资源检索结果，展示内容包括国内期刊论文、国外期刊论文、会议论文、专利、科技成果、国内项目、国外项目、新闻资讯等。

图 2-8　语义检索结果界面

2）可视化导航和分析服务

可视化导航和分析服务指时序分析、知识地图、热词统计、图谱探索、路径分析、关联发现、品种谱系可视化、产业链可视化等。时序分析支持对词条相关的各类资源进行基于时序的可视化分析，展示该知识点的研究趋势；知识地图支持对词条相关的各类资源进行基于地理位置的可视化分析，展示研究地域分布；热词统计通过词云图的方式对各类资源的关键词进行聚类分析，展示研究热点；图谱探索支持对实体进行二度、三度关系挖掘，通过图谱可视化的方式展示与其相关的实体与相应关系；路径分析支持对两个实体之间的路径发现，发现实体间二度、三度关系；关联发现指发现多个实体与实体之间的关联关系；品种谱系可视化支持对基于水稻品种之间的亲本关系（母本、父本）进行谱系的可视化展示，支持任意两个品种之间的路径发现（见图 2-9）；产业链可视化支持基于产业链中的上下游关系对产业链实体进行可视化分析。

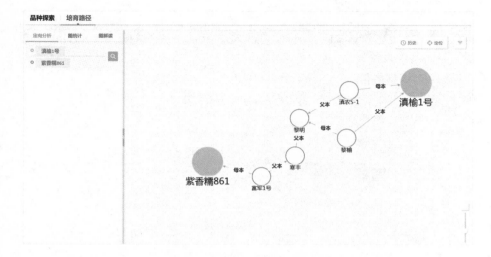

图 2-9　任意两个品种之间的路径发现

2.2　智能问答

2.2.1　智能问答的含义

问答（Question Answering，QA）系统是信息检索、自然语言处理和数据挖掘领域的重要应用，致力于自动回答人类以自然语言提出的问题，是跨越人机语义鸿沟的重要实践，涉及意图理解、实体识别、答案生成等多种关键技术。问答系统研究起源于 20 世纪六七十年代，随着人工智能等技术的发展和进步，以自然语言表达的交互式问答逐渐成为知识获取的重要形式，或将在未来取代传统关键词检索。问答系统可以通过查询知识或信息的结构化数据库来构造答案，或者从自然语言文档的非结构化集合中提取答案，其中基于结构化知识源的问答包括基于关系型数据库的问答（Relational DB Oriented QA）和基于知识库的问答（Knowledge Base Question Answering，KBQA）（目前的主流形式，也是本节所阐述的重点）。问答系统中常见的问题分类包括[35]：①关于特定实体的事实型问题；②关于某一陈述的是非型问题；③关于实体的对比型问题；④关于某一事件原因、方法或结果的问题；⑤观点型问题；⑥多轮对话型问题。从内容来看，问答系统支持事实客观型问题和深层主观型问题两种；从交互问答形式来看，问答系统可分为单轮对话和多轮对话两种。以下述问题为例：

（1）事实客观型问题：谁是俄罗斯的总统？《肖生克的救赎》的主演是谁？西梅是热带水果吗？牛油果和芒果的热量哪个更高？

（2）深层主观型问题：为什么大海是蓝色的？半月板手术后需要休息多久？

2.2.2　智能问答方法与架构

基于知识库的问答主要是对自然语言描述的问题进行语义理解和解析（通常包括实体链接和属性理解两个过程），转换成知识库上的查询语句，并基于知识库查询、推理得到答案，目前在此技术路径下采用的知识库大多是指知识图谱。本书从支撑技术出发，调研整理出基于模板、语义解析、深度学习等智能问答实现方法。

1．基于模板的智能问答

基于模板的智能问答方法是指根据预先设定的问题模板匹配用户问询并返回答案。具体而言，该方法将构造的问题模板参数转换成查询表达式来与问题文本匹配，将问题句中涉及的实体和关系映射到知识图谱中，即实现基于模板的意图识别和属性关联。Unger 等[36]提出在 RDF 数据集上将问题解析生成体现问句内部结构的 SPARQL 模板、通过实体识别和谓词检测实例化模板并生成答案的方法；Abujabal 等[37]设计了仅从用户问题及其答案中自动学习话语查询模板的系统 QUINT，能够利用语言组合性来回答复杂问题，而无须为整个问题提供任何模板；Cui 等[38]设计了一种基于十亿级大规模知识库和百万级问答语料库构建模板的智能问答系统（架构如图 2-10 所示），通过线上和线下两个主要流程实现问答。具体来说，线上流程通过概率模型将任一出现的问题分解为系列二元事实问题，并基于概率推理方法计算各二元事实问题的值，即推理基于给定模板的谓词分布；线下过程则学习从模板到谓词的映射，如 marriage→ person→name。

图 2-11 展示了基于概念模板的问答模型示例，针对用户的问题 $q=$ "How many people live in Honolulu?"，系统通过条件概率模型识别出实体

Honolulu 及实体的概念 city，生成模板 $t=$ "How many people live in $city?"，并通过实体和属性产生答案[35]。

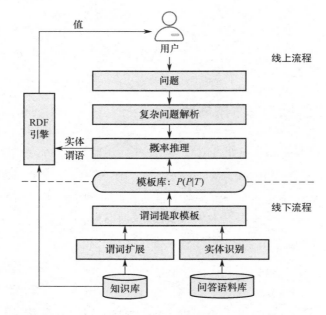

图 2-10　基于模板的智能问答系统架构[38]

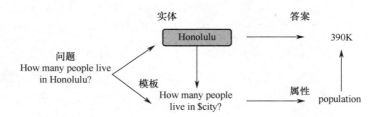

图 2-11　基于概念模板的问答模型示例[35]

基于模板的智能问答方法可人工编辑、无须复杂的语义解析且回答问题效率和准确度较高，但过程需要人工标注每个模板所对应的知识图谱中的属性，时间及人力成本高（常用于工业界），且人工定义的模板或规则覆盖范围有限。

2. 基于语义解析的智能问答

基于语义解析的智能问答方法是指通过使用语义解析器将用户输入的

自然语言问题解析为逻辑形式，再从知识图谱查询得到回答。该方法也被部分学者称作基于图模型的知识问答[35]，其关键是对自然语言问题和知识图谱进行图建模并获取从问题到图谱子结构的映射关系，通常采用监督学习和无监督学习两种方法。Berant 等[39]采用自底向上的集束分析器和逻辑语言 λ-DEC 将用户问题解析为树状图模式，并用知识库支持的查询语言对其进行映射表示，从知识库中查询获取回答；Yih 等[40]将语义解析简化为查询图生成，利用知识图谱缩小检索空间，从而简化语义匹配过程。

基于语义解析的智能问答在限定领域内表现效果很好，但在数据标注有限时性能较差，在面临大规模知识图谱时，文本歧义问题的处理难度极大。

3．基于深度学习的智能问答

基于深度学习的智能问答通常采用端到端的方法，主要任务是训练神经网络模型，通过自然语言问题的语义向量化将其与图谱中实体和关系嵌入同一个维度的语义空间中，将问答过程转化为问题句向量与图谱实体、关系向量间相似度计算的过程[41]。相关研究及实践有：Weston 等[42]设计了一种记忆网络学习模型，将推理组件与长期记忆组件（充当动态知识库）相结合实现推理、预测；Dong 等[43]提出多列卷积神经网络（Multi-Column Convolutional Neural Network，MCCNNs）自动问答模型，通过答案路径、答案背景、答案类型三个管道理解学习问题表示和词嵌入；Lee 等[44]针对开放域问答使用校正的自注意力机制学习 n-gram 词汇空间中的稀疏向量，采用上下文稀疏表示来增强每个短语嵌入的质量、扩展短语检索模型；Shekarpour 等[45]提出对图谱问答各环节生成解释的有监督方法。基于深度学习的智能问答方法可以大大减少人工成本，但是依赖大规模语料支撑，模型可解释性不强。

研究实践中通常会多种方法叠加使用以提升问答准确率和效率，如基于文本和知识图谱的混合问答[46,47]、图表示和深度神经网络的混合方法[40]、结合语义解析和神经符号推理的知识库问答[48]等。

2.2.3　典型的智能问答系统

智能问答是人工智能的重要应用之一，因服务方式的友好性受到学界和业界的广泛关注，尤其是传统搜索引擎及电商，当前的研究实践大多支持自然语言输入（或者语音）的交互式问答，如 Google 的智能助理"Assistant"、苹果公司的"Siri"、亚马逊的智能音箱"Alexa"、阿里巴巴的"阿里小蜜"等。率先引起关注的是 2011 年 IBM 研究院研发的 Watson，它的底层逻辑是依托包含各种结构化知识、文本语料和语言知识的广义知识库，先后与知识医疗机构 MD Anderson、人工智能科技公司 Ross Intelligence 合作推出特定病种辅助诊断 AI 医生和法律咨询平台，并基于 IBM 公有云推出 AI 问答助手。IBM Watson 的问答系统技术架构如图 2-12 所示，涉及问题分析、查询分解、假设生成、软过滤、假设和证据评分、整合、合并排序等关键步骤。

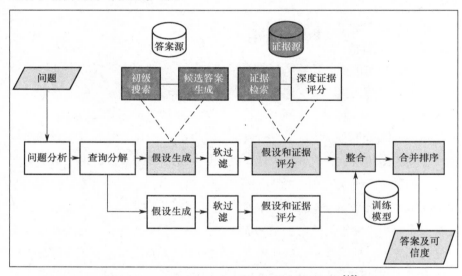

图 2-12　IBM Watson 的问答系统技术架构[49]

2.3　智能推荐

2.3.1　智能推荐的含义

智能推荐的任务是挖掘互联网等数据的隐含价值，预测用户对某个项目的"评分"或"偏好"，针对捕捉到的需求或潜在偏好提供个性化信息服务，提升数据利用率，涉及数据挖掘、机器学习、信息检索等多项关键技术，目前广泛应用于电商平台、信息机构，如阿里巴巴推出的智能推荐系统 AIRec、YouTube 等视频网站的推荐服务等。

2.3.2　智能推荐方法与架构

智能推荐方法通常包括协同过滤（Collaborative Filtering）、内容过滤（Content-based Filtering）[50]、基于会话的推荐[51]、强化学习推荐、多标准推荐、移动推荐、混合推荐等，维基百科将推荐系统划分为基于协同过滤的推荐、基于内容过滤的推荐和基于知识的推荐三种类型。

1．基于协同过滤的推荐

协同过滤是推荐系统中应用最为广泛的推荐方法，其核心是综合利用已有用户或项目情报信息与目标用户和目标情报进行关联，从而筛选并推荐给目标用户可能感兴趣的信息。协同过滤可分为基于记忆和基于模型两种方法，对应的算法代表分别是基于用户的协同过滤算法[52]及 Kernel-Mapping Recommender[53]。协同过滤不依赖机器可分析的内容，适用于电影、新闻、社交网络等复杂推荐项目，最典型的案例是亚马逊推广采用的逐项协同过滤，如某人购买 X 则会购买 Y。协同过滤中也会用到各种计算用户或项目的相似性的算法，如 K 最近邻（K-Nearest Neighbor，K-NN）分类算法、皮尔逊相关（Pearson Correlation）等。

2．基于内容过滤的推荐

基于内容过滤的推荐方法应用活跃度仅次于基于协同过滤的推荐方法，其起源于信息检索和信息过滤研究，核心基础是项目描述及用户偏好信息，适用于存在已知项目数据（如名称、位置、描述等）但用户数据未知的情况，可避免数据稀疏和冷启动的问题。它的关键在于系统能否从用户对一个内容源的操作中了解用户偏好并应用于其他内容类型，进而提升推荐系统的价值。基于内容过滤的推荐中一个典型的代表是基于观点的推荐系统，即基于用户的评论或者反馈信息提取特征来改进，涉及文本挖掘、信息检索、情感分析、深度学习等多种技术。

3．基于知识的推荐

基于知识的推荐方法是一种利用多种推荐技术的混合式方法，通常将用户端信息和项目端信息合并到基于内容过滤的推荐框架中以实现更好的推荐性能，实际中基于知识的推荐多为通过整合基于内容过滤的推荐和知识图谱来实现。

此外，随着深度学习的快速发展，近年来越来越多的学者将其特征抽取方面的优势和推荐技术结合起来研究，并应用于电影、新闻、音乐等复杂推荐场景，如 Covington 等[54]提出的基于深度神经网络的视频推荐算法；Cheng 等[55]提出的具有广度和深度模型的 Google Play 应用推荐系统。图书情报领域也有部分研究者将深度学习应用于科技文献的个性化智能推荐等场景，如基于深度学习和协同过滤的科技信息文献推荐模型[56]，将合作科研人员及文献信息对应构建的用户特征矩阵和文献矩阵加入传统概率矩阵分解模型中，达到预测科研人员偏好的效果，实现科技文献智能推荐。

2.3.3　基于知识图谱的智能推荐

基于知识图谱的智能推荐可以提升推荐系统的可解释性，也是目前较为主流的推荐方式，下面分别介绍几项基于知识图谱的智能推荐研究实践。

1．基于知识图谱和 LSTM 边缘计算的网络文档资源群推荐

Wu 等[57]针对网络文档资源搜索中的信息超载和资源迁移问题，提出一种基于知识图谱和 LSTM 边缘计算的网络文档资源群推荐系统，满足用户的个性化资源需求。推荐系统架构如图 2-13 所示，包含五个主要功能模块。

（1）数据采集：数据是构建知识图谱和推荐系统的基础，主要包括用户行为数据、用户兴趣数据、系统历史数据、资源评估数据和网络数据等。

（2）数据挖掘：对采集的数据进行清洗和分析，采用 LSTM 实现语料库学习和命名实体识别。

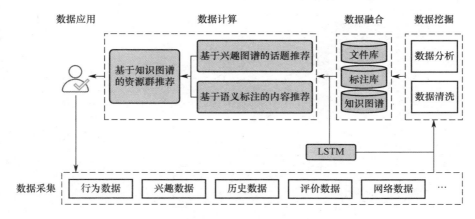

图 2-13　推荐系统架构[57]

（3）数据融合：对来自不同数据源的数据进行处理，以便在同一框架规范下集成异构数据，并存储在不同类型的数据库中，以供数据计算部分使用。

（4）数据计算：边缘计算中基于 LSTM 进行文本分类处理，得到与文档特征相关的文档集，通过用户兴趣图、主题关联兴趣推荐、基于语义标注的内容推荐、基于知识图谱的群组推荐等计算得出个性化的推荐结果。

（5）数据应用：推荐结果根据文档资源的主题展示给用户，同时将相关数据反馈给数据采集部分。

2．基于知识图谱和协同过滤的推荐算法

Jiang 等[58]针对现有智能推荐模型中的数据稀疏性和冷启动问题，提出一种基于知识图谱和协同过滤的推荐（Knowledge Graph and Collaborative Filtering-based Service Recommendation，KGCF-SR）算法模型，应用于为目标 Mashup 推荐相关的 API。该模型将图数据库 Neo4j 中 API 和 Mashup 的相关信息转换为实体，构建推荐服务知识图以挖掘其中的隐含关系，然后采用 TransH 算法将 API 嵌入低维空间中并计算相似度，目标接口的最近邻接口被选为推荐集合。KGCF-SR 算法流程如图 2-14 所示。

（1）服务知识图谱构建：知识图谱作为有向图可以连接具有复杂关系的实体并挖掘实体间的潜在关系，此步骤的目标是构建可以挖掘目标 Mashup 和 API 间潜在关系的服务知识图，具体而言，将从 Web 获取的 API

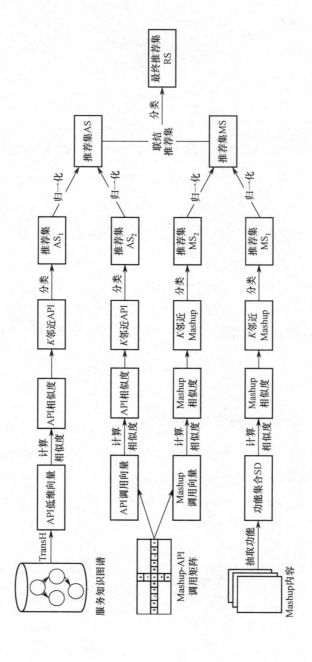

图 2-14 KGCF-SR 算法流程[58]

和 Mashup 作为服务实体嵌入知识图谱并定义关系，以图 2-15 中所示知识图谱中的关系为例，API 和 Mashup 之间的"used"关系、API 和类别（Category）之间的"belong_to"关系，标签（Tag）和 API 的"tag"关系。通过功能提取函数计算 API 之间的相似度，相似度高（≥20%）的 API 则定义为竞争关系。

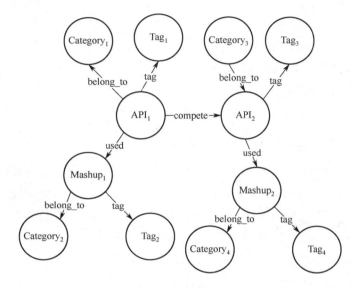

图 2-15　知识图谱中的关系示例

（2）实体低维空间嵌入：此步骤主要将 API 嵌入向量空间中并计算 API 间的距离，可采用经典表示学习算法 TransE 将 API 实体嵌入低维空间中获取 API 向量，实际中考虑到服务知识图谱中实体间关系的复杂性，采用 TransE 的改进算法 TransH。

（3）相似度计算：为了获得目标 Mashup 的相邻 Mashup 或目标 API 的相邻 API，需要计算各种相似度，包括低维空间中 API 实体之间的相似度、Mashup 或 API 调用矩阵之间的相似度及 Mashup 之间的功能相似度。

（4）推荐集的整合：分别基于低维空间中的 API 相似度计算结果和 Mashup-API 调用矩阵的相似度结果选择每个目标 API 的 K 个相邻 API 形成推荐集 AS1 和 AS2，并进行归一化计算合并起来，通过策略打分计算出 Top N API 作为推荐输出。

2.4 基于推理的知识关联发现

知识图谱可提供深层次关系发现与推理能力，即基于图谱中已有的实体和关系推断出未知的实体和关系，涉及描述逻辑、产生式规则、Datalog等多元化的技术方法。下面以基于知识图谱和文本嵌入的药物相互作用（Drug-Drug Interaction，DDI）预测为例进行分析（DDI 技术架构如图 2-16所示）。该过程主要基于药物相互作用从不同来源生成大规模的药物知识图谱，再将知识图谱与综合的生物医学文本嵌入一个共同的低维空间中，通过链路预测过程来高效计算 DDI 信息[59]。

知识图谱由表示事实的三元组组成，用 (h,r,t) 表示头部实体、尾部实体及二者之间的关系。药物知识图谱遵循权威定义的药物相关提取环境的数据模型，使用 SPARQL 联邦查询从 Bio2RDF 等多源生物医学数据中提取包含四种药物相关实体 $(E_1 \sim E_4)$ 和五种生物关系 $(R_1 \sim R_5)$ 的基本三元组 $B=(E,R)$，并表示为 (h,r,t)，其中，$E = E_1 \cup E_2 ... \cup E_4$ 是实体组，$R = R_1 \cup R_2 ... \cup R_5$ 是关系集合，如(etanercept,hasTarget,lymphotoxin-alpha)表示 etanercept（依那西普）与 lymphotoxin-alpha（淋巴毒素 α）之间存在"hasTarget"关系，即 lymphotoxin-alpha 是 etanercept 的靶标之一。知识抽取过程可基于多个关键词（实体）获取两种药物之间的特异性，鉴于此，该案例收集了语料库、MEDLINE 摘要、DrugBank DDI 等生物医学 DDI 文本，删除其中所有停用词，并基于实体链接的方法将文本中的药物名称与知识图谱对齐，然后根据 TF-IDF 特征从每个 DDI 生物医学文本中选择前 n 个标签（n=5）。图 2-17 展示了 DDI 预测示例，药物知识图谱中虚线表示缺失的关系，即药物之间没有直接相互作用关系，右侧则表示基于文本中药物的不良反应描述抽取挖掘出 etanercept 和 leflunomide（来氟米特）两种药物在药理学上可能存在潜在关系。

目前，建立包含各种语义关联的知识图谱，挖掘实体之间深层关系已逐渐成为决策分析的重要辅助手段。

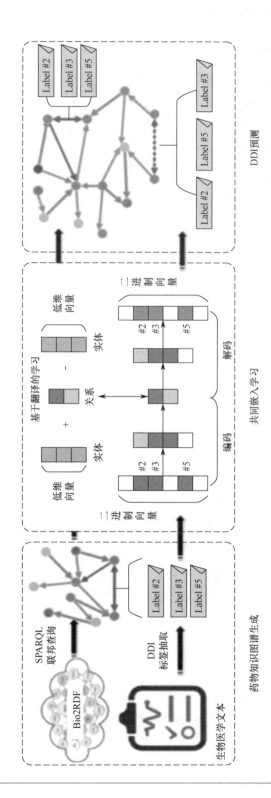

图 2-16　DDI 技术架构[59]

*图中 Label 表示标签

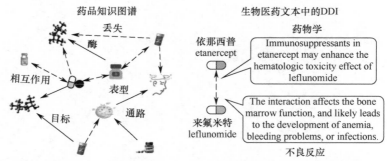

*图中 Immunosuppressants in etanercept may enhance the hematologic toxicity effect of leflunomide 表示：依那西普中的免疫抑制剂可能增强来氟米特的血液毒性作用；The interaction affects the bone marrow function, and likely leads to the development of anemia, bleeding problems, or infections 表示：这种相互作用会影响骨髓功能，可能导致贫血、出血问题或感染。

图 2-17   DDI 预测示例[59]

2.5   本章小结

知识图谱的核心价值在于对多源异构数据和多维复杂关系的处理与可视化展示，结合语义网络和专业领域知识将人类社会生活、生产中难以用数学模型直接表示的关联属性等进行组织存储，形成具有复杂关联关系的数据网络，并以此为基础支撑高级形态的智能知识服务。其应用形式主要包含两类：一类是直接基于知识图谱的服务，如图谱支撑的语义检索；另一类是结合自然语言处理、知识规则和图谱算法等的偏向认知智能的知识服务，如智能问答、智能推荐、知识关联发现等。知识图谱作为一种形象的数据表现形式，在业界的应用场景则更为广阔，如通用知识图谱应用于 Google、百度、搜狗等百科型搜索引擎，领域知识图谱则用于支撑电商、创投、金融证券、司法、警务等领域的各种复杂分析应用和决策支持。

参考文献

[1] 张晓林. 走向知识服务: 寻找新世纪图书情报工作的生长点[J]. 中国图书馆学报, 2000(5): 30-35.

[2] BAEZA-YATES R, RIBEIRO-NETO B. Modern information retrieval[M]. New York:

ACM Press, 1999.

[3]　DEERWESTER S, DUMAIS S T, FURNAS G W, et al. Indexing by latent semantic analysis[J]. Journal of the American Society for Information Science, 1990, 41(6): 391-407.

[4]　CHEN H. Machine learning for information retrieval: Neural networks, symbolic learning, and genetic algorithms[J]. Journal of the American Society for Information Science, 1995, 46(3): 194-216.

[5]　HOFMANN T. Probabilistic latent semantic indexing[C]//Proceedings of the 22nd Annual International ACM SIGIR Conference on Research and Development in Information Retrieval, 1999: 50-57.

[6]　BERNERS-LEE T, HENDLER J, LASSILA O. The semantic web[J]. Scientific American, 2001, 284(5): 34-43.

[7]　戴维·阿默兰德. 谷歌语义检索[M]. 程龚，译. 北京：人民邮电出版社，2015.

[8]　WEI W, BARNAGHI P M, BARGIELA A. Search with meanings: An overview of semantic search systems[J]. International Journal of Communications of SIWN, 2008, 3: 76-82.

[9]　BAADER F. The description logic handbook: Theory, implementation and applications [M]. Second Edition. Cambridge: Cambridge University Press, 2003.

[10]　KOU Y, HUANG Y, LI J, et al. Research and Construction of Semantic Retrieval Based on Knowledge Graph[C]//Proceedings of the 5th International Conference on Information Science and Control Engineering. IEEE, 2018: 423-430.

[11]　HEFLIN J D. Towards the semantic web: Knowledge representation in a dynamic, distributed environment[D]. Washington: University of Maryland, 2001.

[12]　HEFLIN J, HENDLER J. Searching the Web with SHOE[C]//Proceedings of the AAAI-2000 Workshop on AI for Web Search, 2000: 35-40.

[13]　MAYFIELD J, FININ T. Information retrieval on the Semantic Web: Integrating inference and retrieval[C]//Proceedings of the SIGIR Workshop on the Semantic Web, 2003.

[14]　KIRYAKOV A, POPOV B, TERZIEV I, et al. Semantic annotation, indexing, and retrieval[J]. Journal of Web Semantics, 2004, 2(1): 49-79.

[15]　WEI W, BARNAGHI P M, BARGIELA A. The anatomy and design of a semantic search engine[R]. Kuala Lumpur: Technical Representative. UNMC-CS-200712-1 School of Computer Science, 2007.

[16]　DIEDERICH J, BALKE W T, THADEN U. Demonstrating the semantic growbag: automatically creating topic facets for facetedDBLP[C]//Proceedings of the 7th ACM/IEEE-CS Joint Conference on Digital Libraries, 2007: 505.

[17]　SHADBOLT N, GIBBINS N, GLASER H, et al. CS AKTive space, or how we

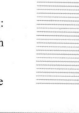

learned to stop worrying and love the semantic web[J]. IEEE Intelligent Systems, 2004, 19(3): 41-47.

[18] GUHA R, MCCOOL R, MILLER E. Semantic search[C]//Proceedings of the 12th International Conference on World Wide Web, 2003: 700-709.

[19] SHADBOLT N, GIBBINS N, GLASER H, et al. CS AKTive space, or how we learned to stop worrying and love the semantic web[J]. IEEE Intelligent Systems, 2004, 19(3): 41-47.

[20] GLASER H, MILLARD I. RKB Explorer: Application and Infrastructure[C]// Proceedings of the Semantic Web Challenge 2007 Colocated with ISWC 2007 + ASWC 2007, 2007.

[21] HARTH A, HOGAN A, DELBRU R, et al. SWSE: Answers before links![C]// Proceedings of the 2007 International Conference on Semantic Web Challenge, 2017: 137-144.

[22] HOGAN A, HARTH A, DECKER S. Reconrank: A scalable ranking method for semantic web with context[C]//Proceedings of Workshop on Scalable Semantic Web Knowledge Base Systems, 2006.

[23] LI Y, WANG Y, HUANG X. A relation-based search engine in Semantic Web[J]. IEEE Transactions on Knowledge and Data Engineering, 2006, 19(2): 273-282.

[24] LOPEZ V, PASIN M, MOTTA E. AquaLog: An ontology-portable question answering system for the Semantic Web[C]//Proceedings of the European Semantic Web Conference, 2005: 546-562.

[25] LEI Y, UREN V, MOTTA E. Semsearch: A search engine for the semantic web[C]//Proceedings of the International Conference on Knowledge Engineering and Knowledge Management, 2006: 238-245.

[26] KIRYAKOV A, POPOV B, TERZIEV I, et al. Semantic annotation, indexing, and retrieval[J]. Journal of Web Semantics, 2004, 2(1): 49-79.

[27] SHETH A, ARPINAR I B, KASHYAP V. Relationships at the heart of semantic web: Modeling, discovering, and exploiting complex semantic relationships[M]. Berlin: Springer, 2004.

[28] ANYANWU K, MADUKO A, SHETH A. Semrank: ranking complex relationship search results on the semantic web[C]//Proceedings of the 14th International Conference on World Wide Web，2005: 117-127.

[29] KAREEM P. Relation robustness evaluation for the semantic associations[J]. Electronic Journal of Knowledge Management, 2007, 5(3): 265-272.

[30] MIKA P. Flink: Semantic web technology for the extraction and analysis of social networks[J]. Journal of Web Semantics, 2005, 3(2-3): 211-223.

[31] ALANI H, O'HARA K, SHADBOLT N. ONTOCOPI: methods and tools for

identifying communities of practice[J]. Intelligent Information Processing, 2002: 1-12.

[32] TANG J, ZHANG J, ZHANG D, et al. ArnetMiner: An Expertise Oriented Search System for Web Community[C]//Proceedings of the Semantic Web Challenge 2007 Colocated with ISWC 2007 + ASWC 2007，2007.

[33] 王颖, 吴振新, 谢靖. 面向科技文献的语义检索系统研究综述[J]. 现代图书情报技术, 2015, 31(5): 1-7.

[34] MASSONNAUD C R, KERDELHUÉ G, GROSJEAN J, et al. Identification of the best semantic expansion to query PubMed through automatic performance assessment of four search strategies on all medical subject heading descriptors: Comparative study[J]. JMIR Medical Informatics, 2020, 8(6): e12799.

[35] 肖仰华, 徐波, 林欣, 等. 知识图谱：概念与技术[M]. 北京：电子工业出版社, 2020.

[36] UNGER C, BÜHMANN L, LEHMANN J, et al. Template-based question answering over RDF data[C]//Proceedings of the 21st International Conference on World Wide Web, 2012: 639-648.

[37] ABUJABAL A, YAHYA M, RIEDEWALD M, et al. Automated template generation for question answering over knowledge graphs[C]//Proceedings of the 26th International Conference on World Wide Web，2017: 1191-1200.

[38] CUI W, XIAO Y, WANG H, et al. KBQA: learning question answering over QA corpora and knowledge bases[C]//Proceedings of the Very Large Data Bases Endowment, 2017: 565-576.

[39] BERANT J, ANDREW C, FROSTIG R. Semantic parsing on freebase from question-answer pairs[C]//Proceedings of the 2013 Conference on Empirical Methods in Natural Language Processing, 2013: 1533-1544.

[40] YIH W, CHANG M, HE X, et al. Semantic parsing via staged query graph generation: Question answering with knowledge base[C]//Proceedings of the International Joint Conference on Natural Language Processing, 2015: 1321-1331.

[41] BORDES A, CHOPRA S, WESTON J. Question answering with Subgraph Embeddings [C]//Proceedings of the 2014 Conference on Empirical Methods in Natural Language Processing, 2014: 615-620.

[42] WESTON J, CHOPRA S, BORDES A. Memory networks[J/OL]. ArXiv:1410.3916, 2014.

[43] DONG L, WEI F, ZHOU M, et al. Question Answering over Freebase with Multi-Column Convolutional Neural Networks[C]//Proceedings of the 53rd Annual Meeting of the Association for Computational Linguistics and the 7th International Joint Conference on Natural Language Processing (Volume 1: Long Papers), 2015: 260-269.

[44] LEE J, SEO M, HAJISHIRZI H, et al. Contextualized sparse representations for real-time open-domain question answering[C]//Proceedings of the 58th Annual Meeting of the Association for Computational Linguistics, 2020: 912-919.

[45] SHEKARPOUR S, NADGERI A, SINGH K. QA2 Explanation: Generating and Evaluating Explanations for Question Answering Systems over Knowledge Graph [J/OL]. ArXiv: 2010.08323, 2020.

[46] XU K, REDDY S, FENG Y, et al. Question answering on freebase via relation extraction and textual evidence[C]//Proceedings of the 54th Annual Meeting of the Association for Computational Linguistics (Volume 1: Long Papers), 2016.

[47] XU K, FENG Y, HUANG S, et al. Hybrid question answering over knowledge base and free text[C]//Proceedings of COLING 2016, the 26th International Conference on Computational Linguistics: Technical Papers, 2016: 2397-2407.

[48] KAPANIPATHI P, ABDELAZIZ I, RAVISHANKAR S, et al. Question answering over knowledge bases by leveraging semantic parsing and neuro-symbolic reasoning [J/OL]. ArXiv: 2012.01707, 2020.

[49] DALAL P, AGGARWAL G, TEJASVEE S. Preeminent development boards to design sustainable integrated model of a smart healthcare system under IoT[J]. IOP Conference Series: Materials Science and Engineering, 2021, 1022(1): 012004.

[50] BERZAL F. Recommender systems: the textbook[J]. Computing Reviews, 2017, 58(5): 266-267.

[51] BALÁZS H, ALEXANDROS K, LINAS B, et al. Session-based Recommendations with Recurrent Neural Networks[J/OL]. ArXiv preprint ArXiv: 1511.06939, 2016.

[52] BREESE J, HECKERMAN D, KADIE C. Empirical analysis of predictive algorithms for collaborative filtering[C]//Proceedings of 14th Conference on Uncertainty in Artificial Intelligence, 1998: 43-52.

[53] GHAZANFAR M A, PRÜGEL-BENNETT A, SZEDMAK S. Kernel-mapping recommender system algorithms[J]. Information Sciences, 2012, 208: 81-104.

[54] COVINGTON P, ADAMS J, SARGIN E. Deep neural networks for youtube recommendations[C]//Proceedings of the 10th ACM Conference on Recommender Systems, 2016: 191-198.

[55] CHENG H T, KOC L, HARMSEN J, et al. Wide & deep learning for recommender systems[C]//Proceedings of the 1st Workshop on Deep Learning for Recommender Systems, 2016: 7-10.

[56] 屈冰洋, 王亚民. 基于深度学习的科技信息文献推荐模型研究[J]. 情报理论与实践, 2021, 44(11):6.

[57] WU Y, LIU Q, CHEN R, et al. A group recommendation system of network document resource based on knowledge graph and LSTM in edge computing[J]. Security and

Communication Networks, 2020(1): 1-11.

[58] JIANG B, YANG J, QIN Y, et al. A service recommendation algorithm based on Knowledge Graph and Collaborative Filtering[J]. IEEE Access, 2021(9): 50880-50892.

[59] WANG M, WANG H, LIU X, et al. Drug-Drug Interaction Predictions via Knowledge Graph and Text Embedding: Instrument Validation Study[J]. JMIR Medical Informatics, 2021, 9(6): e28277.

第 3 章
科技文献语义模型研究

3.1 数据密集型科研范式下科技文献的发展

3.1.1 数据密集型科研范式

图灵奖得主 Jim Grey 在 2007 年召开的计算机科学和电信委员会的国家研究会（National Research Council—Computer Science and Telecommunications Board）上提出"第四范式：数据密集型科研发现"（The Fourth Paradigm: Data-Intensive Scientific Discovery），并归纳总结了科学研究的四种科研范式：描述自然现象的经验科学，使用模型或归纳法进行科学研究的理论科学，通过计算、模型等方法模拟复杂现象的计算科学，以及如今的数据密集型科学研究新范式[1]。数据密集型科学使得科学研究以数据为中心、以数据为驱动的特征越来越突出，图 3-1 为科学范式演进过程。

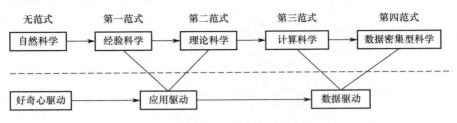

图 3-1 科学范式演进过程[2]

在大数据时代背景下，信息技术深度融入科研工作流程，成为科学研究过程中的关键技术解决方案，也成为数据密集型科学研究范式出现的直接驱动力。数据分析与挖掘技术渗透到各研究领域，语义网、机器学习等技术的发展不断为数据密集型科学研究创造了新条件。Gartner 副总裁 Cearley D 在 2019 年发布的十大战略性技术趋势中指出，数字生活的智能空间里，各类数据不断被汇聚和计算并产生新的知识——洞察（Insights），数据密集型科学发现将真正成为可能，人、设备、内容、服务、交易将连接成一个不断扩张的网络，未来无处不在的智能设备将基于大数据提供各种个性化服务。与此伴随发展的还有开放科学（Open Science），经济合作与发展组织（Organization for Economic Cooperation and Development，OECD）把开放科学定义为：公共资助的研究成果的主要产出——出版物和研究数据——以数字格式公开，没有限制，它是一种深刻影响科学研究开展、科研人员合作交流方式的科学实践，获得许多国家、机构的资助与支持，如美国开放科学中心（Center for Open Science，COS）搭建的开放科学框架（Open Science Framework，OSF）（见图 3-2），以整个科研生命周期为基础为不同科研主体提供信息管理、连接科研项目各阶段的针对性服务，支持预印本、代码和数据等资源类型；欧盟委员会推出欧洲开放科学云（European Open Science Cloud，EOSC），整合现有的数字化和科研基础设施，为欧洲研究人员和全球科研合作者提供开放共享的科学云服务。

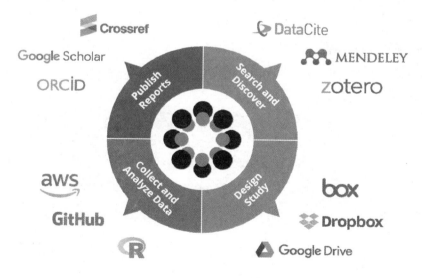

图 3-2　开放科学框架

开放已成为一种全球共识，从开放科技论文到开放数据再到开放科学，以知识共享为特征的开放运动不断向纵深发展。公共资金资助科研成果的开放获取已经成为世界各国的共同行动，推动了全球开放知识基础设施的建设。欧盟地平线 2020 研发计划要求所有项目科研成果在 2020 年实现全部开放获取；欧洲 11 个国家科研资助机构和欧洲研究理事会发布了开放获取 S 计划；由德国马普学会发起、包括我国国家科技图书文献中心在内的全球机构签署参与 OA2020 倡议，呼吁到 2020 年将所有订购期刊转换为开放出版。STM 协会发布的 2018 年报告中指出，开放获取市场占市场出版总量的 20%~22%；2022 年报告《技术趋势 2026》中预测，未来五年开放获取内容将大幅增加。起初开放科学推进的重点是论文和数据的开放，现在它已经超越了论文或数据范围，包含相互利用研究基础设施、开放且共享研究方法及实现机器可读等内容。

3.1.2　语义出版实践

随着大数据环境和信息化技术的发展，语义出版（Semantic Publishing）作为数字出版、复合出版的高级形态迅速成为学术期刊的主流出版模式[3]。语义出版的概念最早由 Shotton 提出，他将语义出版定义为一种语义增强的期刊出版形式，指出语义出版是一种增强已出版期刊文献内涵的过程，通过语义标记来丰富出版物的知识内容和表现形式，提高出版物信息的可操作性、交互性和关联性，最终实现智能化出版[4]；他还系统化地提出科技期刊论文语义出版的表现形式，分析了 DOI、超链接、支持排序的参考文献，以及可语义标注的术语、基于上下文引用关系等语义出版形式的可行性[5]。语义出版研究者通常借助语义技术、网络服务协议（如语义出版及引用本体）从出版平台、出版物、阅读终端三个层面增强语义，本质上是通过语义描述及标引实现文献知识的结构化发布和丰富化呈现，以促进知识价值最大化，为科研人员提供精准、高效的阅读体验。

目前，出版机构、信息服务商、图书馆等建设主体正积极开展语义出版实践，国外如 Springer Nature、PubMed Central、英国皇家化学学会（Royal Society of Chemistry，RSC）出版社、Elsevier，国内如玛格泰克公司相继推出语义出版，目前已实现实例化和成熟化，形成了两条基本技术路线：①借助本体技术实现文献对象及其知识内容的语义描述；②采用关联数据为出版物链接更多外部开放数据资源提供技术框架。由于学科领域发展和技术路线的差异性，各机构/平台构建的数字资源内容描述模型不尽相同，具体比较如表 3-1 所示。

表 3-1　数字资源内容描述模型比较

机构/平台名称	描述语言	描述模型	概念、属性数量/个
Nature	XML/RDF/RDFS	自然本体门户	核心本体：类（50）、属性（140）
PMC	XML	JATS	元素（250+）、属性（130+）
RSC	XML	RSC 本体	OBO：本体（74）、术语（899000+） GO：术语（约 23700） RXNO：术语（849）
Elsevier ClinicalKey	XML	EMMeT	核心医学概念（25 万） 同义词（≥100 万） 等级关系同义词（≥100 万） 本体关系的分类系统和本体库（100 万）
中华医学会杂志社	XML	CMA JATS	元素（168）、属性（88）

从描述语言来看，语义出版常用的是 XML 和 RDF，两者在一定程度上是互补的。XML 是一种完全面向数据语义的标记语言，具有易控制、易扩展、易综合等优良特性，但在数据含义交换正确性等方面还存在一定问题。RDF 将 XML 作为编码和传输的语法，其模型描述能力非常强大，可以全面地描述任意复杂资源，但使用技术门槛较高。在应用场景上，XML 主要用于编辑内部出版内容的结构化、碎片化和形式化描述环节，RDF 三元组更适用于后期发布和应用阶段。

从描述模型来看，Springer Nature、RSC 语义出版均采用本体技术，极大地提高了出版物检索效率，使信息服务更加具有针对性和专业性。PMC采用的 JATS（Journal Article Tag Suite）是应用较为广泛的文献资源描述模型之一，使用者可选择针对不同应用场景的标签集来完成文档的转换、存储及管理，优化工作流程。

3.1.3　科技文献新特征

科技文献是科研活动的重要产出形式，是传承和记录科技成果的重要载体，是人类智慧的结晶。科技文献资源体现为印本资源和数字资源两种形式。随着计算机网络与信息技术的快速发展，科技文献资源的生产、利用与传播已经全面步入数字时代。科技文献的全新数字资源产业链正在形成，数字出版、增强出版、语义出版、社交网络正在成为信息资源生产的主流。基于互联网、大数据和人工智能的新型科研范式和知识生产流程正在形成。在智能化信息技术、密集型科学研究范式、开放式学术交流模式的影响下，科技文献内涵极大丰富，呈现出新的表现形式、发展态势和功能。

1．科技文献的类型和内容日益丰富

随着数字科研的迅速发展，可供广泛传播、共享、利用和管理的信息内容已经扩展到科学数据、多媒体资源、事实数据和相关工具。咨询报告、技术报告、产业报告、专利标准、经济与法律信息等各类支持科技创新的信息资源更加丰富，开放会议、开放课件、开放代码等开放资源不断增加，社交媒体资源也逐步在科技创新中发挥重要作用。传统科技文献和数字科技文献共同保障科技创新的需求。

2．科技文献资源走向富媒体和多模态化

在新的信息环境下，科技信息形态和交流方式迅速变化，也带来了学术记录形态和学术交流模式的演变，学术研究中各种实验、采访、仿真、演示、讲演等都能以最直接、最原始的方式予以记载、组织、传播并纳入学术记录之中。科技文献内容变得更加丰富，多媒体内容的嵌入也变得越来越常见，如 *New Journal of Physics* 在物理学期刊中尝试"视频摘要"功能，将复杂的理论现象或实验过程以可视化的形式展现；*Science* 和 *Springer Nature* 推出了多媒体出版模块，以音视频形式再现论文的研究背景和实验过程。

3．科技文献向数据化、可计算分析转变，奠定知识计算分析基础

早在 2015 年 STM 协会发布的技术趋势报告中就指出，科技出版领域出版内容从可发现向可处理转变。科技文献数字信息本身的可细粒解析、关联和重组的特性开始全面影响科技文献资源的组织与利用，科技文献资源的组织揭示正在向细粒化、结构化、语义化、关联化方向发展，从"一篇论文"深入到片段、章节、图表、公式、引文、主题对象等知识单元，从"一篇论文"扩展到作者、机构、项目、数据集、工具、其他论文、其他作者、相关主题等知识对象，形成可挖掘和可扩展的知识关系网络，全面支持用户在研发、市场开拓中做出科学决策。

3.2　科技文献语义关联描述模型

科技文献中知识单元蕴含着丰富的学术价值，语义出版的发展促进了知识组织范畴下科技文献内外部特征的挖掘和知识关联研究实践，科技文献语义关联描述模型是以文献资源为数据来源的知识图谱构建基础，也是支撑语义出版、知识搜索等应用的核心技术问题。不同研究者依据描述对象及粒度将其划分为多种方式，如 Ruiz-Iniesta A 系统调研梳理了描述科技文献的本体模型，并将文献本体划分为三类：文档本体、题录和参考文献本体、科学论文本体[6]；以此为研究基础，李楠等[7]结合领域研究现状提出如图 3-3 所示的基于本体的科技文献语义关联描述模型，包含面向外部特征（文献结构）的语义模型和面向语义特征（文献内容）的语义模型两个主要模块，面向外部特征的语义模型主要是对文献题录（篇名、作者、机构、作者关键词、参考文献等）外部特征的描述，面向语义特征的语义模型则包含对学术文献中的观点、假设、事实、结论等陈述型语义元素及图片、表格、公式、支撑数据等数据型语义元素的描述，也被称为描述科学论述信息的本体模型（Scientific Discourse Ontology）。

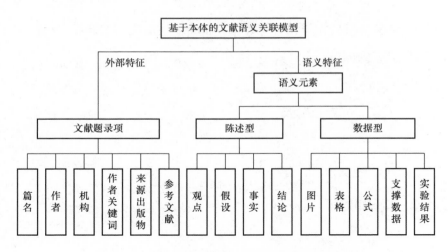

图 3-3　基于本体的科技文献语义关联描述模型

3.2.1　面向文献结构的语义模型

在图书情报领域，以传统元数据模型为代表的本体实例研究最为广泛，其中最具综合性和代表性的有语义出版及引用本体（Semantic Publishing and Referencing Ontologies，SPAR）[8]，该模型由核心本体（SPAR Core Ontologies）、相关本体（SPAR-related Ontologies）、神经医学语义应用（Semantic Web Application in Neuromedicine，SWAN）本体、本体设计模式（Ontology Design Patterns）、外部本体（Other External Ontologies）五种类型的本体构成，覆盖了题录信息、引用位置等若干科技文献结构性特征，规模庞大。随着语义网技术的不断发展，面向文献结构的本体实例不断出现并应用。

1．通用描述模型

常用的通用描述模型或词汇表有 RDF 词汇表及其扩展词汇表 RDFS（Resource Description Framework Schema）、都柏林核心元数据集（Dublin Core Metadata Initiative，DCMI）及其核心元素集 DC（Dublin Core）、扩展词汇表 DCMI 元数据术语（DCMI Metadata Terms）等。其中，RDF 是通过三元组形式描述 Web 资源的描述语言，RDF 用到类及属性描述个体之间的关系，RDFS 则为 RDF 数据提供数据建模词汇表，包括最基本的类和属性的描述元语，如常用来指定个体类的 rdf:type。DCMI 是用于网络信息资源的描述、控制和管理的国际三大元数据标准之一，由都柏林核心元数据元素集的 15 个术语及其若干属性、类、数据类型和词汇编码模式组成，DCMI 元数据术语主要用 RDF 表示，非 RDF 元数据也可在 XML、JSON、UML 或关系数据库等上下文中使用这些术语。DCMI 元数据规范给出了 abstract、title、contributor、hasPart、language、subject 等 55 个元素的详细定义，是相关语义模型构建时继承复用的重要依据。

2. 知识组织体系描述模型

简单知识组织系统（Simple Knowledge Organization System，SKOS）是语义网框架内为叙词表、分类法、主题词表、术语表等开发规范和标准的一种机制，主要由核心词汇、映射词汇、扩展词汇组成，通常用作描述受控词表中词汇的知识组织系统词汇表，以 RDF Schema 为基础，提供使用 RDF 表示知识组织系统的标准方法，可以支持编码信息以可互操作的方式在计算机应用程序之间传递，进而实现各类资源的共享和重用。

3. 文献资源类描述模型

文献资源类描述模型中的典型代表有书目本体 BIBO、出版需求工业标准元数据 PRISM、自然本体、Schema.org 等。BIBO 是面向语义网中书目资源信息的文档分类本体，继承和复用了都柏林元数据、朋友的朋友（Friend of a Friend，FOAF）等本体，共定义了 69 个类及 106 个属性（52 个对象属性、54 个数据属性），用于描述以 RDF 形式存在的期刊母体、期刊论文、图书、会议录、会议论文、卷期、摘要、学位论文等资源，尤其侧重出版物之间关系的描述，在 EPrints 等项目中大量使用。PRISM 是为出版相关资源定义的 XML 元数据词汇表，用于支撑元数据和内容之间的交换与保存，其元数据表示格式多元化，包括 XML、XMP 和 RDF/XML 等格式。自然本体是 Nature 2015 年发布的语义模型，包含核心模型、领域模型和实例数据集三个部分，其中核心模型有 50 个类和 140 个属性，通过继承 SKOS 模型的标准化语义定义了多个领域层次类别的基础概念。Nature 与 Springer 合并后，推出的学术知识图谱 SciGraph 中的语义模型就是在自然本体的基础上进行修改完善的。Schema.org 是描述网站社区活动常用语义标签

（Semantic Markup）的语义关联模型，其本质是利用互联网众包的方式收集和生成高质量的知识图谱，可以支持 RDFa、Microdata 和 JSON-LD 等编码格式，具有良好的可扩展性，目前其核心词汇表包含 600 多个类型和 900 多个属性，覆盖时间、人、地点、组织机构等多种资源类型，主要应用于语义化链接数据的发布。

3.2.2 面向文献内容的语义模型

科技文献是内涵丰富的有机体，由描述表达知识的语义元素（内容组件）及其逻辑关系组成，蕴含着研究者从观点提出到产生新知识的复杂论证过程。面向文献内容的语义模型需要规范定义文献的内容组件及其语义关系。早期的论文内容本体主要是粗粒度描述论文的篇章结构或科学论证的知识单元，随着语义出版等技术的发展推进，面向文献内容的语义模型研究从粗粒度的篇章结构或知识单元描述向具有逻辑关联的科学论证过程描述转变。

1. 论文结构模型

代表性论文结构模型有 IMRD（Introduction, Method, Results, and Discussion）和 ABCDE（Annotations, Background, Contribution, Discussion, Entities）。IMRD 模型[9]衍生于修辞结构理论，将论文正文主体部分划分为引言、方法、结果和讨论四个语义功能模块，主要应用于实证或实验型论文；ABCDE 模型[10]将论文划分为标注、背景、贡献、讨论和实体五个语义功能模块，通常应用于标注计算机领域的会议论文。以此为基础，研究者相继提出科学核心概念框架（CoreSC Scheme）[11]、篇章元素本体（Discourse Elements Ontology，DEO）、修辞块本体（Ontology of Rhetorical Blocks，ORB）、文档组件本体（Document Component Ontology，DoCO）[12]等。

2. 科学论证本体

科技文献中各要素遵循论证结构，科学论证本体对文献细粒度的论证元素和论证关系进行语义表示，将文献中的知识显性化和结构化。早期的科学论证本体多关注论证过程中的独立知识单元，如科学论述本体（Scholarly Interpretation and Discourse，ScholOnto）[13]针对主张、假设、方法论、软件、证据等论证过程中的知识单元进行类和属性的定义，图 3-4 展示了科学论述本体中主张的表示模型；科学实验本体（Common Ontology of Scientific Experiments，EXPO）[14]提供描述实验目标、实验方法和行动、实验类型、实验设计规则等常见概念的结构（EXPO 本体示例片段见图 3-5）；科技文献关键信息本体（Core Information about Scientific Papers，CISP）[15]定义科技文献的调查目的、动机、调查对象、研究方法、实验、观测、结果、结论八个核心类及其描述方式，这些本体被广泛应用于领域文献的自动标引。

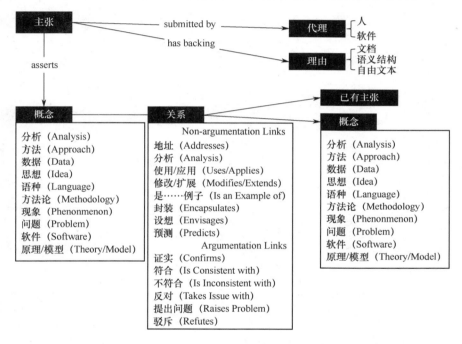

图 3-4　科学论述本体中主张的表示模型[13]

近年来科学论证本体的设计与研究重点逐渐过渡到逻辑论证过程的描述，代表性实例有：博洛尼亚大学 Vitali 等基于图尔敏（Toulmin）模型设计的论证模型本体（Argument Model Ontology，AMO），其对论文中的科学主张、背景、依据等论证单元及其相互间的支持、包含、论证等逻辑关系进行了描述；哈佛大学 Clark 等[16]提出的微语义出版模型（MicroPublication）注重描述科学主张及其论据的关联特征，通过陈述、数据、方法、材料支撑等内容元素形成论文的科学论证链；此外，还有源自生物医学领域的 SWAN 本体、纳米出版物模型（NanoPublication）等。

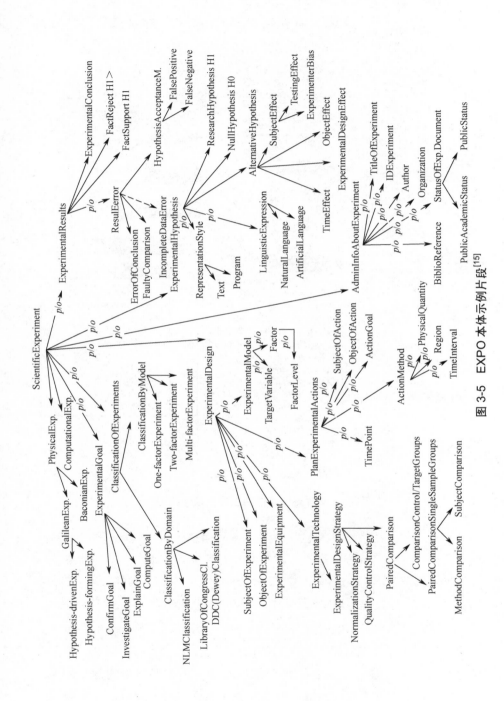

图 3-5 EXPO 本体示例片段[15]

1）论证模型本体

论证模型本体（AMO）定义了六种相互关联的论证要素：主张（Claim）、证据（Evidence）、保证（Warrant）、支持（Backing）、反驳（Rebuttal）和限定词（Qualifier），其中前三个要素为实际论证的基本组成部分，AMO 基本要素图如图 3-6 所示。同时，AMO 包含 backs、forces、supports、leadsTo、proves、isValidUnless 等对象属性、逆属性及上下位属性，以表达论证元素间的论证关系，数据属性继承复用 DCMI，主要有 creator、date、description、rights 和 title。AMO 采用 OWL2DL 语言描述其论证元素和论证关系，使用@prefix 将 URI 前缀缩写为 amo:。

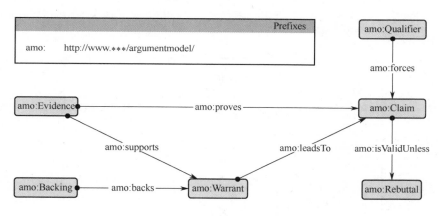

图 3-6　AMO 基本要素图

2）纳米出版物模型

纳米出版物模型是概念网络联盟（Concept Web Alliance）于 2009 年提出的以陈述为基础的科技文献语义出版模式，主要用于解决大数据的语义知识关联。随后 Proth 等[17]研究者先后提出并解析纳米出版物模型的结构，Open PHACTS 项目确立的纳米出版物模型如图 3-7 所示，主要由纳米出版物 ID、完整性密钥、结论、支持性信息、出处五部分组成，具体说明如表 3-2 所示。

3）微语义出版模型

微语义出版模型以图尔敏论证理论为基础，充分结合科技文献的具体语境，描述概念和概念间关系。微语义出版模型如图 3-8 所示，包括实体、代理、人工物等核心类和支持、讨论、挑战等对象属性，其中数据、方法和材料与表达均是子类关系（isA）。微语义出版模型支持对证据、断言等的建模，可以描述复杂的知识组织结构，被广泛应用于生物医学领域。

涉及科技文献的知识结构问题需要多元化的文献富语义模型作为基础支撑，基于上述论证本体理论与研究实践，诸多研究者开展相应研究，如王晓光等[18]基于 AMO、微语义出版模型构建论证本体 SAO，曲佳彬等[19]借助图尔敏模型构建句子级及实体级的多粒度论证结构本体。由于不同领域论证模式存在差异，实践中通常需要根据研究对象与应用场景进行设计。

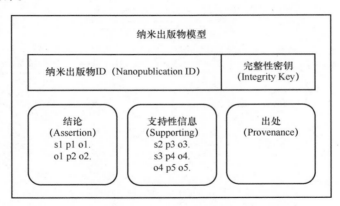

图 3-7　Open PHACTS 项目确立的纳米出版物模型

表 3-2　纳米出版物模型说明

构成要素		描　　述
内容性要素	结论（Assertion）	纳米出版物的基础，包括作者得出的科学事实、实验结果或结论等科学断言及实验数据中的有效性指标
	出处（Provenance）	结论的起源或出处，包括结论的发布者、发布时间等信息
	支持性信息（Supporting）	结论的背景和语境信息，包括实验条件、实验环境、结论引用情况、同行评议等信息
功能性要素	纳米出版物 ID	纳米出版物的唯一标识 URI
	完整性密钥（Integrity Key）	用于作者身份的认证和出版物版本的控制

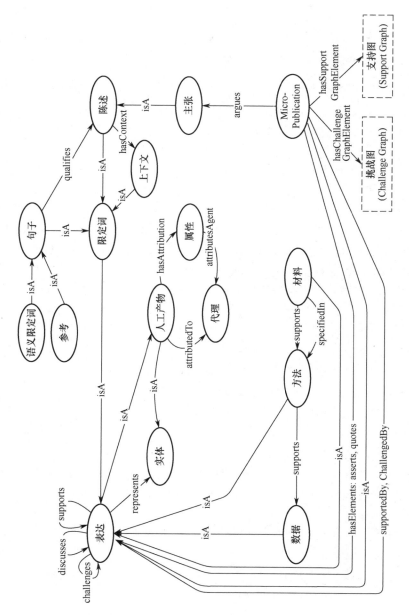

图 3-8 微语义出版模型[16]

3.3　本章小结

　　信息技术与开放科学的发展触发了科学研究范式和知识交流生态的变革、科技论文等文献资源的爆发式增长，催生了大数据科研基础设施、数据密集型的知识发现。本章总结了数据密集型科研范式下科技文献的新特征，围绕文献结构、文献内容两个维度梳理介绍了科技文献语义关联描述模型，以便为后续面向科技文献的科研知识图谱构建研究奠定理论及模型基础。

参考文献

[1] TANSLEY S, TOLLE K M. The fourth paradigm: data-intensive scientific discovery [M]. Redmond, WA: Microsoft Research, 2009.

[2] 姜明智. 科学组织范式的演变及其发展趋势研究[J]. 图书与情报, 2018, 183(5): 50-55, 146.

[3] 李娇, 寇远涛, 黄永文, 等. 国内外语义出版实践研究[J]. 数字图书馆论坛, 2017(12): 25-31.

[4] SHOTTON D. Semantic publishing: the coming revolution in scientific journal publishing[J]. Learned Publishing, 2009, 22(2): 85-94.

[5] SHOTTON D, PORTWIN K, KLYNE G, et al. Adventures in semantic publishing: exemplar semantic enhancements of a research article[J]. Plos Computational Biology, 2019, 5(4): 1-17.

[6] INIESTA A R, CORCHO O. A review of ontologies for describing scholarly and scientific document[C]//Proceedings of the 4th Workshop on Semantic Publishing, 2014: 1-13.

[7] 李楠, 孙济庆, 马卓. 面向学术文献的语义出版技术研究[J]. 出版科学, 2015, 23(6): 85-92.

[8] PERONI S, SHOTTON D. The SPAR ontologies[C]//International Semantic Web Conference. Springer, Cham, 2018: 119-136.

[9] BURROUGH-BOENISCH J. International reading strategies for IMRD articles[J]. Written Communication, 1999, 16(3): 296-316.

[10] WAARD A D, TEL G. The ABCDE Format Enabling Semantic Conference Proceedings

[C]//Proceedings of Workshop on SemWiki, 2006: 1-12.

[11] LIAKATA M, TEUFEL S, SIDDHARTHAN A, et al. Corpora for the conceptualisation and zoning of scientific papers[C]//Proceedings of the International Conference on Language Resources and Evaluation, 2010: 1-9.

[12] CONSTANTIN A，PERONI S，PETTIFER S，et al. The Document Com- ponents Ontology (DoCO)[J]. Semantic Web, 2016, 7(2) :167-181.

[13] BUCKINGHAM SHUM S, MOTTA E, et al. ScholOnto: an ontology-based digital library server for research documents and discourse[J]. International Journal on Digital Libraries, 2000, 3(3): 237-248.

[14] SOLDATOVA L N, KING R D. An ontology of scientific experiments[J]. Journal of the Royal Society Interface, 2006, 3(11): 795-803.

[15] SOLDATOVA L, LIAKATA M. An ontology methodology and cisp—the proposed core information about scientific papers[J]. JISC Project Report, 2007: 1-38.

[16] CLARK T, CICCARESE P N, GOBLE C A. Micropublications: A semantic model for claims, evidence, arguments and annotations in biomedical communications[J]. Journal of Biomedical Semantics, 2014,5(1):1-33.

[17] PROTH P, GIBSON A, VELTEROP J. The anatomy of a nanopublication[J]. Information Services and Use, 2010, 30(1-2): 51-56.

[18] 王晓光，周慧敏，宋宁远. 科学论文论证本体设计与标注实验[J]. 情报学报，2020, 39(9): 885-895.

[19] 曲佳彬，欧石燕. 语义出版驱动的科学论文论证结构语义建模研究[J]. 现代情报，2021, 41(12): 48-59.

第 4 章
面向科技文献的科研知识图谱构建与管理

　　作为重要的知识组织方式，知识图谱的逻辑架构包含模式层和数据层两个层次，其中模式层即描述抽象知识的本体层，是知识图谱的核心，构建在数据层之上并用来约束数据层。本体知识建模是知识图谱内实体连通的语义基础，需要设计概念集合和框架并对知识进行合理的组织，以准确描述相关的类和属性，即实体及实体间的关系。知识图谱表示则是指选用描述语言进行知识建模，使得数据符合信息表达的逻辑，搭建机器和人的语义桥梁。从数据模型角度来看，知识图谱的数学基础源于图论，是一种图数据，包括 RDF 图和属性图，实体用节点集合表示，实体间关系用边集合表示，用于刻画现实世界中事物广泛的联系。知识建模需要结合数据及应用特征，准确地描述知识本身与知识之间的关联，以尽量减少数据冗余、提高应用效率为根本原则设计科学、高质量的模式。数据层，顾名思义，是由大量描述具体实体对象的事实和数据组成的。相较于 Google 知识图谱、Bing Satori 等通用知识图谱或电商、中医临床、金融证券等领域知识图谱构建语料多来自百科、Web 网页、领域垂直网站等，科研知识图谱的主要语料来源为蕴含科技论文内容、科研活动主体等的科技文献及专题数据。由于科研专题对象知识粒度较细，规模范围弹性大，细小专题知识来源通常为专家智慧及积累，如领域词表、术语关系甚至专题知识图谱。对于构建的图谱，其存储管理也尤为重要，是查询、检索、推理、分析等各类应用的重要支撑。随着 RDF 三元组库和原生图数据库的相互融合发展，知识图谱的存储管理方式也越发丰富与成熟。自顶向下的科研知识图谱构建方式包括模式层构建、数据获取与预处理、知识抽取与融合、图谱存储与管理等关键步骤。

4.1　科研知识图谱模式层构建

4.1.1　科研本体实体对象选取与定义

本体论是一种机器可读的领域描述，通常包括术语词汇表和一些关于这些术语如何相互关联的规范。为了能保证知识图谱的质量，知识建模时需要考虑若干因素[1]：概念划分的合理性、属性定义的方式、概念体系的可扩展性。因此，本体构建的首要步骤是确定资源目标与范围，提炼核心实体类型，明确数据的语义，可以实现数据或知识的交换和互操作性。

以科技论文资源为主要研究对象的科研本体设计思路是根据文献资源核心元数据项、后续科研综述结构化特征等选择确定实体类型，不复用其他成熟本体模型的总体描述规范，但继承部分通用的属性，可作为后续外部数据获取融合时的参考标准。在实际应用场景中，随着实体类型的增加，科研本体规模也会加大，可再根据需求考虑继承复用这些本体模型。具体地，继承复用 DCMI、BIBO、PRISM、SWRC 及 schema.org 等具有广泛应用基础的词汇表或本体框架（常用词汇表/本体前缀名称及其注释见表 4-1）的属性特征，以主题词为关联点融合匹配专题、文献数据模型构建科研本体数据模型（前缀为 scikg），包含科技论文、期刊、会议、主题、科研人员、科研机构 6 种实体类型，实现各资源的语义互联互通，其中科技论文包括期刊论文和会议论文两种子类型，主题既作为专题知识内的概念术语，也是科技论文的主题语义元素。

表 4-1　常用词汇表/本体前缀名称及其注释

前缀名称	词汇表或本体注释
bibo	书目本体 BIBO
prism	PRISM
dc	都柏林词汇表
npg	Nature Core
dcterms	都柏林词汇表扩展表
rdf	资源描述框架（RDF）
rdfs	RDFS

（续表）

前缀名称	词汇表或本体注释
skos	用于受控词表中词汇描述的知识组织系统词汇表
xsd	—
owl	网络本体语言（OWL）
schema	描述网站社区活动常用语义标签（Semantic Markup）的语义关联模型
scikg	科研本体

对常用词汇表/本体前缀及其命名空间进行约定，可有效区别不同词汇表/本体中的元素，且前缀声明可以使数据和查询更加简洁和可读。同时，本书根据研究需求自定义了部分词汇，用于描述各实体类型的相关属性。

4.1.2 科研本体多维度数据模型描述

科研本体数据模型如图 4-1 所示，主要包含科技文献资源类、科研活动主体类及主题资源类 3 个部分。其中，科技论文通过对象属性 scikg:about、scikg:subjectOf 与主题进行连接，实现领域主题和科技论文的关联关系构建，通过 scikg:rightHolder、scikg:hasAuthor、scikg:isPartOf 分别与科研机构、科研人员、期刊和会议进行连接。科研人员通过 scikg:affiliation 与科研

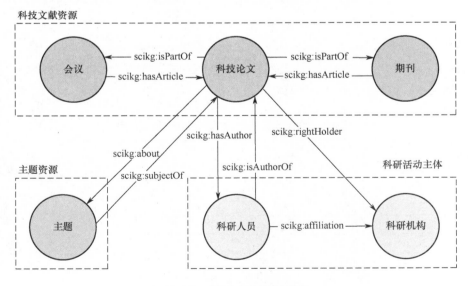

图 4-1 科研本体数据模型

机构连接。各实体类型的数据属性以优先继承复用通用成熟的词汇表/本体为原则，部分属性存在多种描述规范，实际操作中择其一即可。

1．科技文献资源数据模型

科技文献资源数据模型包括 5 个与其他实体类型关联的对象属性及 16 个数据属性，其中，科技论文根据其实际所属子类型与期刊或者会议关联。数据属性分为类型、标识符、表示 3 种。科技论文数据模型如图 4-2 所示，rdf:type 为类型属性，bibo:doi 为标识符属性，标题（dc:title）、背景（scikg:background）、目标（scikg:objective）、方法（scikg:method）、结果（scikg:result）、结论（dc:conclusion）、关键词（prism: keyword）、出版日期（dc:date）、期（scikg:issue）、卷（scikg:volume）、文献重要度（scikg: importantDegree）、起始页（bibo:pageStart）、结束页（bibo:pageEnd）、被引频次（scikg:timesCited）、DOI（bibo:doi）为表示属性。其中，背景、

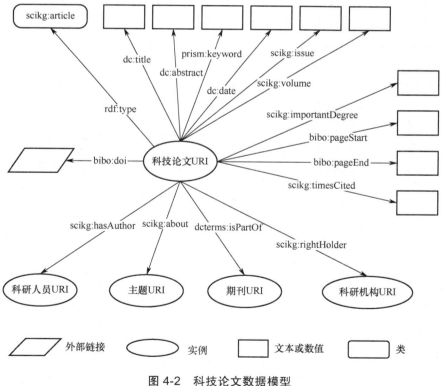

图 4-2　科技论文数据模型

目标、方法、结果、结论是基于科技论文摘要挖掘提取的语步结构元素，是不同类型学术论述的表达，可以支持更细粒度的学术观点揭示。目前，摘要语步模式主要有四语步和五语步两种，典型的四语步结构有包含引言、方法、结果、结论的 IMRC[2]和包含引言、方法、结果、讨论的 IMRD[3]，五语步结构则有覆盖背景、引言、方法、结果和结论的 BIMRC[4]，本书结合当下期刊结构化摘要特征与撰写要求选定了如上 5 个属性，摘要语步识别与分类具体方法见 4.4.4 节。

此外，考虑到面向终端科研用户的文献遴选等应用场景需求，引入了文献重要度这一指标属性，属性值为数值。科技文献的重要度与科技文献的多个属性相关，包括科技文献的被引次数、科技文献所在期刊或会议的影响因子、作者的权威度、科技文献的发表年份及科技文献的内容质量，文献重要度算法模型具体说明见 4.4.2 节。

期刊数据模型主要包括与科技论文关联的对象属性及类型属性 rdf:type、网址属性 bibo:Website、表示属性共 11 个数据属性，期刊数据模型如图 4-3 所示，其中表示属性有期刊名称（dc:title）、ISSN（npg:issn）、EISSN（npg:eissn）、出版商（scikg:publisher）、出版城市（scikg:city）、期刊影响因子（scikg:jif）、五年影响因子（scikg:jif5）、语种（dc:language）、刊名缩写（scikg:abbr）。

会议数据模型主要包括与科技论文关联的对象属性及类型属性 rdf:type、网址属性 bibo:Website、表示属性共 9 个数据属性，其中表示属性有会议名称（dc:title）、会议日期（dc:date）、会议地点（prism:location）、会议影响因子（scikg:pif）、举办城市（scikg:city）、语种（dc:language）、会议缩写（scikg:abbr）。

2．科研活动主体数据模型

（1）科研人员数据模型规范化描述如表 4-2 所示，包括与科研机构关联的对象属性 scikg:affiliation 及 5 个数据属性，分别为类型属性 rdf:type 及表示属性——姓名（scikg:fullName）、ORCID（scikg:orcid）、h 指数（scikg:hIndex）、邮箱（scikg:email）。

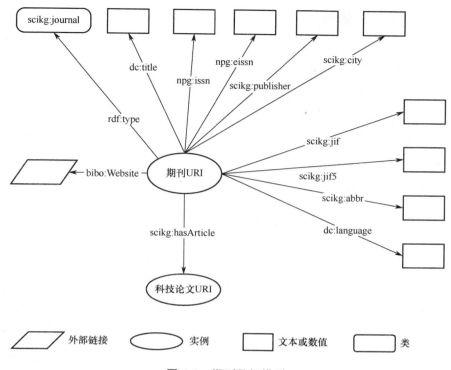

图 4-3　期刊数据模型

表 4-2　科研人员数据模型规范化描述

属性类型		属性名称	描述规范	取值类型
对象属性（ObjectProperty）		所属机构	scikg:affiliation	Organization URI
数据属性 （DataProperty）	类型属性	类型	rdf:type	scikg:person
	表示属性	姓名	scikg:fullName	文本
		ORCID	scikg:orcid	数值
		h-指数	scikg:hIndex	数值
		邮箱	scikg:email	文本

（2）科研机构数据模型规范化描述如表 4-3 所示，包括类型属性 rdf:type 和 4 个表示属性：机构名称（scikg:fullName）、机构简称（scikg:abbr）、机构永久标识符 PID（scikg:pid）、地址（scikg:address）。

3．主题数据模型

主题数据模型主要用于定义专题内术语（概念的语言指称）的词间关系，根据主题所属学科、领域等特性设计，可涵盖多类主题。如图 4-4 所示，该类包含是顶层概念（skos:topConceptOf）、其他名称（scikg:alias）、是……的主题（scikg:subjectOf）、是……分支（scikg:isKindOf）、使用技术（scikg:useTechnique）、研究范式（scikg:learning Paradigm）、是交叉学科（scikg:multidisciplineOf）、应用于（scikg:aimAt）8 个对象属性及类型（rdf:type）、主题术语（dc:title）、简称（scikg:abbr）、定义（skos:definition）、说明（skos:note）、提出年份（scikg:proposedIn）6 个数据属性。除类型属性外，各数据属性取值均为文本或数值等字面量类型，对象属性取值均为链接实例对象的 URI。

表 4-3　科研机构数据模型规范化描述

属性类型		属性名称	描述规范	取值类型
数据属性 （DataProperty）	类型属性	类型	rdf:type	scikg:organization
	表示属性	机构名称	scikg:fullName	文本
		机构永久标识符 PID	scikg:pid	文本
		地址	scikg:address	文本
		机构简称	scikg:abbr	文本

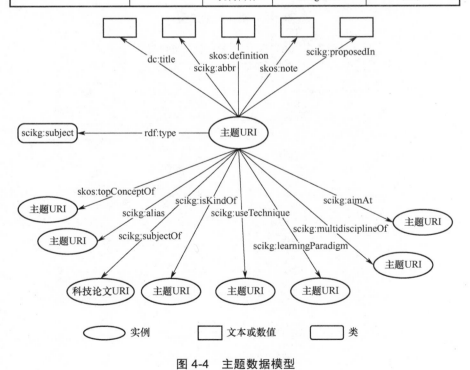

图 4-4　主题数据模型

4.1.3　基于 Protégé 的本体构建与管理

科研本体的概念框架及数据模型经过全面设计后，需要通过相关本体建模方式构建并进行统一的实体与关系管理，即采用本体库的方式来管理知识图谱的模式层。目前，本体构建方式有以数据驱动的自动化编辑和基于本体编辑软件的人工编辑两种，前者常用于面向特定领域的主流全局本体库构建，需要较大的样本量，后者虽然效率相对较低，但可结合专家知识保障本体科学性，本书重点介绍基于本体编辑软件的人工编辑方式。随着语义网、数据库等技术的快速发展，已涌现诸多成熟的本体构建工具并广泛应用，如以特定本体语言为基础的 Ontolingua Server[5]、Ontosaurus[6]、WebOnto[7]，提供本体访问服务和多种类本体语言文件导入/输出的 WebODE[8]。目前使用最广泛的是开源本体编辑器 Protégé——由斯坦福大学基于 Java 开发的本体编辑和知识获取软件，其结构可扩展且附有众多插件，支持 RDF、RDFS、OWL 等本体描述语言并可实现图形化，简单易用。

以科研本体数据模型为基础，采用 Protégé 构建的科研本体核心类、对象属性分别如图 4-5、图 4-6 所示，包括 6 个一级核心类、15 个对象属性，实际应用中还可根据需求进行概念体系的扩充及属性的调整。

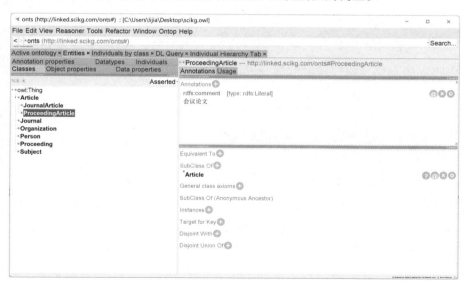

图 4-5　科研本体核心类

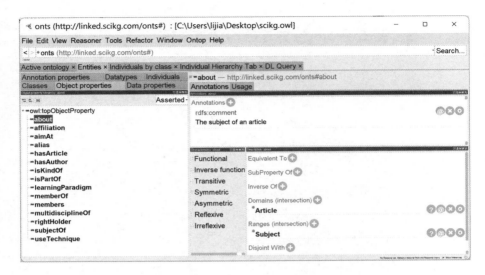

图 4-6　对象属性

4.2　多源科研知识图谱构建方法

4.2.1　基于题录的知识转换

结构化或半结构化题录数据是科技文献资源的基本组成部分，也是科研知识图谱导航的重要依据。本书中涉及的面向题录数据的语义知识图谱构建方法主要是依托作者所在研究团队设计的技术流程和研发的工具组件，具体实施参见 4.3 节～4.5 节。

4.2.2　基于文献正文的知识抽取

科技文献蕴含丰富的知识单元，相较于标题、关键词、作者、机构等题录特征，非结构化正文文本中包含大量的领域知识，是科技文献的主要价值所在。基于文献正文的知识抽取多采用业界较为成熟通用的领域知识抽取方法，主要包括实体抽取和关系抽取两部分。

1．实体抽取

实体抽取也被称作命名实体识别，旨在抽取文本中有特定含义的实体及其类别，如人名、日期、地点、机构名称、术语等，目前相关研究实践较为丰富，主要有 3 种基本的技术方法[9]。

1）基于规则的方法

基于规则的方法源自该项技术发展初期，依赖领域知识专家手工构建词典或规则，通过字符串匹配的方式完成命名实体的识别，适用于规律性强的小样本数据集。

2）基于统计模型的方法

基于统计模型的方法即基于机器学习的方法，利用标注的语料进行模型训练和实体抽取，涉及训练语料标注、特征定义、模型训练等关键步骤，常用模型有隐马尔可夫模型、条件马尔可夫模型、最大熵模型及条件随机场模型等。

3）基于深度学习的方法

基于深度学习的方法是目前最为主流的方法，相较于基于统计模型的方法，该方法不再依赖人工定义的特征，将非结构化文本中词的向量作为输入，通过卷积神经网络、循环神经网络、基于注意力机制的神经网络等实现端到端的实体识别。时下使用较广泛的是 Google 公司 2018 年开源的具有双向深度的 BERT 预训练模型[10]，众多研究者以此为基础根据语料规模、语种、领域等因素提出改进模型，如中文命名实体识别模型 BERT-BiGRU-CRF[11]、用于医学领域的 BERT-MK[12]等。

2．关系抽取

关系抽取的目的是从非结构化文本数据中识别抽取实体间的语义关系，主要有基于模板、监督学习和弱监督学习 3 种方法。其中，基于模板的关系抽取与实体抽取相似，依靠领域专家人工构建大量规则模板，方法简单但难以工程化；基于监督学习的关系抽取则是利用分类的思想对标注语料进行模型训练，涉及关系类型预定义、人工标注语料、关系识别特征设计、分类模型选择、模型评估等关键步骤，该方法抽取结果准确率高但对训练语料的规模要求极高且在新的关系发现上存在局限性；基于弱监督学习的关系抽取结合了监督学习和无监督学习的优势，主要包含远程监督和 Bootstrapping 两种方法，前者通过采用知识图谱与非结构化文本对齐的方式构建训练数据，突破训练模型过度依赖人工标注这一难题，在跨领域数据上表现出极佳的适应能力，后者则是以少量实例作为初始语料集合，通过不断迭代训练的方式丰富语料库并抽取大量关系实例。

4.2.3　基于科技文献的知识图谱构建实践

Dessì 等[13]提出通过采用自然语言处理和机器学习技术构建学术领域知识图谱的方法，包括实体与三元组抽取、实体管理、关系管理等关键步骤。基于文献文本资源构建知识图谱的工作流程如图 4-7 所示。

此外，由于学术界和工业界存在多方面复杂的共生关系，分析两者之间的知识流动对于挖掘行业发展潜力、方向及协调制定最佳发展战略大有裨益，Angioni 等[14]基于计算机科学本体（Computer Science Ontology，CSO）抽取的研究主题构建了学术界/行业动态（Academia/Industry DynAmics，AIDA）知识图谱，描述了 2100 万份出版物和 800 万项专利，并根据作者所属的类型（学术、工业或合作）对其中的 510 万份出版物、560 万项专利和 66 个工业部门（如汽车、金融、能源、电子等）进一步分类。AIDA 知识图谱构建框架如图 4-8 所示，AIDA 知识图谱集成来自 MAG、Dimensions、DBpedia、计算机科学本体和全球研究标识符数据库（Global Research Identifier Database，GRID）的数据，在 CC BY 4.0 协议下公开可用，可以转储下载或通过 triple store 查询。

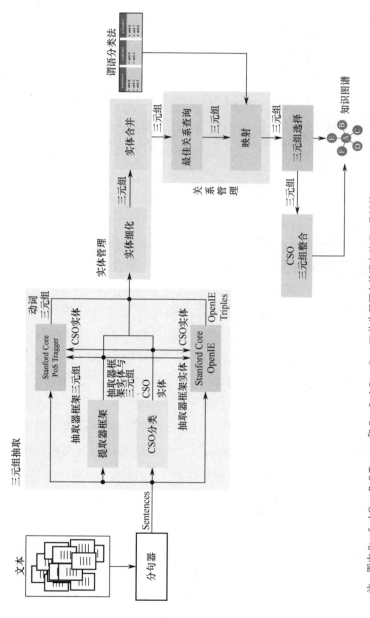

注：图中 Stanford Core PoS Tragger 和 Stanford Core OpenIE 均为开源自然语言处理工具插件。

图 4-7　基于文献文本资源构建知识图谱的工作流程[13]

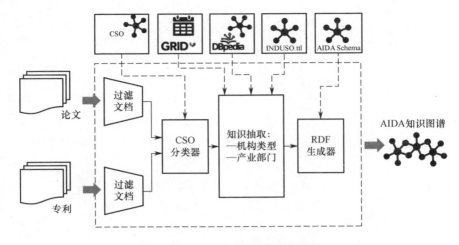

图 4-8　AIDA 知识图谱构建框架

4.3　语义知识图谱构建工具

　　知识图谱数据层构建过程本质上是从多源异构数据中抽取知识的过程，面向不同的数据源，知识抽取涉及的关键技术和需要解决的技术难点有所不同，需要综合考虑数据的规模、操作的稳定性和效率。面向科技文献资源的语义知识图谱构建主要基于本体模型将结构化数据转换生成三元组，具体地说，就是在数据预处理过程中，将不同实体类型对应的数据文件分开存储，即可在实体类型已知的前提下通过工具或算法进行实体及关系的抽取并存入数据库中，入库后的各知识节点（实体）通过 URI 对齐。

　　本书结合文献数据特征及实际处理流程，从实用性、可扩展性、数据支持模式等角度出发综合考虑，设计了面向结构化文献数据的科研知识图谱数据层生成方案，将语义知识图谱相关技术融入科技文献数据治理技术体系中，实现从数据解析、预处理到科研知识图谱生成与存储管理的一站式操作和集成，整个过程称为 RDF ETL，具备工程级、零编码、动态配置、高并行和用户友好等特性。基于 RDF ETL 过程实现语义知识图谱的生成是现行语义知识图谱构建的突破口。

　　使用到的 RDF 三元组转换存储中间件如下。

（1）Apache Jena。Apache Jena 是一个用于语义网本体操作的开源 Java 框架，可以构建语义网和关联数据，于 2000 年发布了第一个版本，目前已更新至 4.4.0 版本（2022 年）。该框架遵循了 W3C 标准，由各种相互作用的 API 组成，主要功能包括以 RDF/XML、Turtle 形式读写 RDF、RDF 存储、SPARQL 查询处理、管理 RDFS 和 OWL 本体并进行推理等。Jena 支持 RDB、SDB（Spatial DataBase）、TDB（Triple DataBase）三种内置存储模式，其中 TDB 可基于内存或硬盘对 RDF 进行存储和查询，由 Node 表、索引、前缀表三部分构成，支持所有的 Jena API，操作简单，支持十亿级记录存储和几百个并行查询。Apache Jena Fuseki 是 SPARQL 服务器，通过它 Jena 可以与 Virtuoso 等数据库进行 RDF 读写和查询操作，也可基于 SPARQL1.1 协议进行各类操作。

（2）Eclipse RDF4j。Eclipse RDF4j（以前的 Sesame API）是一个用于处理 RDF 数据的开源 Java 框架，于 2004 年发布了第一个版本，目前更新至 3.7.5 版本（2022 年），主要功能包括 RDF 数据的解析、存储、推理和查询。RDF4j 模块化体系框架如图 4-9 所示，其支持大部分主流的 RDF 序列化格式，包括 RDF/XML、Turtle、N-Triples、N-Quads、JSON-LD、TriG 和 TriX 等，提供内存和本机两种 RDF 存储机制，支持 SPARQL1.1 查询和更新语言。RDF4j 本机存储是一个事务性 RDF 数据库，适用于中小型数据集，同时可提供 API 访问 MarkLogic、GraphDB、Virtuoso、Blazegraph 等主流的第三方 RDF 三元组数据库。

图 4-9　RDF4j 模块化体系框架

RDF ETL 工具插件总体框架如图 4-10 所示，其继承和复用了 Kettle 工具强大的数据访问功能并提供高度直观的数据处理界面。整体的数据访问连接（Connector）是在 Kettle 内置接口和三元组库的基础上，通过接口方式实时、高效地输入数据，分别支持 ETL 过程中产生的数据流、关系型数据库、非关系型数据库（NoSQL）等非 RDF 数据及来自文件系统或三元组库的 RDF 数据的输入，并以 W3C 推荐标准的 SPARQL 1.1 作为语义知识图谱查询和处理的语言协议。扩展的插件集以 RDF4j 做中间件，RDF4j 作为语义网领域领先的 RDF 解决方案，在语义知识图谱构建中发挥着重要的支撑作用。

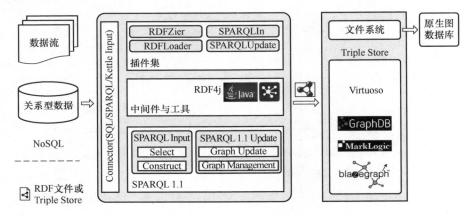

图 4-10   RDF ETL 工具插件总体框架

在知识图谱存储方案上，设计了"本体文件系统+远程 SPARQL 端+三元组库+原生图数据库"的混合存储模式，可根据实际需求和应用场景自由选择，其中，三元组库可支持 Virtuoso、GraphDB、MarkLogic、blazegraph，原生图数据库的上载存储需结合软件及图谱映射规则另行配置，后续实践中将具体阐述。在 Kettle 社区生态的基础上，通过 Java 编程实现 RDF ETL 工具的开发，构建插件 RDFZier、RDFLoader、SPARQLIn 和 SPARQLUpdate（说明见表 4-4），不仅支持多源异构数据的语义知识图谱转换构建，也可以实现图谱数据格式转换、跨数据库图谱融合、图谱更新等应用场景。

表 4-4　RDF ETL 工具总览

插件名称	支持的输入格式	支持的输出格式	采用的标准	使用方式
RDFZier	关系型数据库（MySQL、SQLServer 等） 非关系型数据库（NoSQL） 数据流/文件数据 （CSV, Excel, JSON, XML） ……	Turtle JSON-LD N-Triples RDF/XML N-Quads TriG RDF/JSON TriX RDF Binary	SPARQL 1.1 查询语言： SELECT 查询	可视化模板
RDFLoader			SPARQL 1.1 查询语言： SE-LECT、 CONS-TRUCT	
SPARQLIn	RDF 三元组文件 远端 URL 字符串流（String Stream）			
SPARQL Update			SPARQL 1.1 更新（Update）	可视化模板 及 Java- Script 编码

　　基于 RDF ETL 工具的数据处理任务配置主要包括三个部分：①任务名称，定义准备和创建数据处理任务时的操作目的，进行任务管理；②步骤（Steps），部署任务的主要组件（功能对象集），如输入、插件和输出，为了使操作更简单友好，通过直接映射的方式将配置模板定义为常用字段表单，并根据插件设置要求定制，即使非专业人员也可以直接编辑配置模板；③跳点（Hops），将选择的功能组件对象（节点）连接在一起，并指示数据流的方向，一旦定义了跳点，任务就会被验证并准备好运行。

4.3.1　基于本体模型的实体与关系抽取

　　关系型数据库、文件数据（如 Excel、CSV、XML 和 JSON 文件）等多来源数据的实体、关系抽取与转换是语义知识图谱构建的关键环节。基于本体模型的实体与关系抽取的原理是基于设计的本体模型设置直接映射规则，结合插件 RDFZier 进行 RDF 三元组抽取，主要适用半结构化和结构化数据。每个关系型数据库表或文件代表一种实体类型，需包含该实体类型的唯一标识符、若干字段及相应的值（对应 RDF 数据中的谓语和宾语）。以 RDB-to-RDF 的数据转换场景为例，图 4-11 及图 4-12 分别给出了 RDB-to-RDF 的任务界面（包括数据处理及配置文件模板）及数据流示意图，表 4-5 展示了 RDFZier 参数设置。

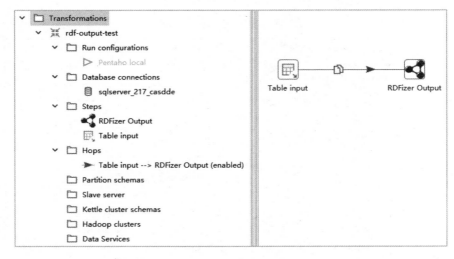

（a）数据处理

RDFizer Output

Step name RDF Output-保存到文件

NameSpaces **Mapping Setting** Dataset Metadata Output

Subject URI http://linked.***.cn/scikg/journal_article/{sid}

Class Types http://linked.***.cn/onts/scikg#journalArticle

uniqueKey gid

Fields Mapping Parameters

#	Stream Field	Predicates	Object URIs	Multi-Values Seperator	DataType	Lang Tag
1	title	dc:title				zh-CN
2	journal_name	skos:label				
3	year	dc:year				
4	issn	npg:issn				
5	gid					
6	doi	bibo:doi	http://doi.***/{oid}			
7	title_alternative	dcterms:alternative				
8	issue	bibo:issue				
9	volume	bibo:volume				
10	page_start	bibo:pageStart				
11	page_end	bibo:pageEnd				
12	abstracts	dcterms:abstract				
13	abstract_alternative	scikg:abstractAlternative				
14	keyword	prism:keyword		;;		
15	keyword_alternative	scikg:keywordAlternative		;;		
16	eissn	prism:eIssn				
17	tagging_concepts	dc:subject		;;		
18	tagging_classifications	scikg:classification		;;		

Get Fields

? Help   OK   Cancel

（b）配置文件模板

图 4-11 RDB-to-RDF 任务界面

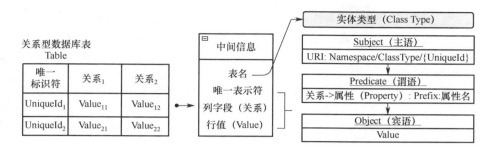

图 4-12　RDB-to-RDF 数据流示意图

表 4-5　RDFZier 参数设置

参数名称		功能描述
命名空间 （Namespace）	Prefix	URI 引用标识的名称集合
	Namespace	命名空间的前缀
映射设置 （Mapping Setting）	Subject URI	主题/资源的 HTTP URI 模板
	Class Types	Resource 所属的类，支持多种类型（用分号分隔），如 skos: Concepts、foaf: Person 等
	UniqueKey	Resource 唯一且稳定的主键，是 Subject URI 的一部分
	Fields Mapping Parameters	从数据源到目标 RDF 的字段映射列表，包括 input Stream Field、Predicates、Object URIs、Multi-Values Sepator、Data Type、Lang Tag
数据集元数据设置（Dataset Metadata）	Meta Subject URI	生成数据集的 URI 形式
	Meta Class Types	目标 Resource 所属的类
	Parameters	描述目标数据集的参数，包括 PropertyType、Predicates、Object Values、DataType、Lang Tag
输出设置 （Output Setting）	File system setting	文件存储设置，包括文件名和 RDF 数据格式
	RDF store setting	选择 RDF store 存储时的参数设置，包括存储名、Server URL、Repository ID、账号（若有）、密码、Graph URI

　　输入关系型数据库表通常为给定的实体类型，表中包含唯一标识符 UniqueId、每列字段表示的关系及每行的值 Value，分别映射为 RDF 数据中的主谓宾。具体地说，UniqueId 作为该实体类型 URI 的 scikgId（数据资源在数据库中的唯一标识符），关系映射为 RDF 数据的属性（Property），该列每行的值映射为 RDF 数据的属性值，如 Value 是资源唯一标识符，则其表

示为 Namespace/ClassType/{Value}，$UniqueId_1$、关系$_1$、$Value1_1$ 生成的 RDF 三元组为 (Namespace/ClassType/{$UniqueId_1$}，Prefix: 属性名，Namespace/ClassType/{$Value1_1$})，否则直接表示为其值即可，通常为文本或数值形式，对应的三元组为（Namespace/ClassType/{$UniqueId_1$}，Prefix: 属性名，$Value1_1$）。也就是说，基于该方法的语义知识图谱构建是在输入数据实体类型已知的前提下，根据映射规则（基于参数配置模板设定）进行实体和关系的抽取。相较于准确率依赖大量标注语料的广义知识图谱构建方式，如基于深度学习模型 BERT 的实体识别，此种方法更适用于以文献数据为研究对象的专题科研知识图谱构建。

4.3.2　多格式图谱数据的转换与加载

随着 RDF 图语法的不断丰富和扩展，给工具/系统之间的互操作及各种语法变体之间的整合带来了诸多限制。在实际应用场景中，数据管理员或语义网开发人员通常根据个人使用习惯、应用需求或预期目标等选择特性不同的 RDF 图数据格式。以目前最主流的 RDF 语法 RDF/XML、Turtle 和 JSON 为例，RDF/XML 适合用于信息交换或大规模数据集，Turtle 形式紧凑自然，通常使用常用模式和数据类型的缩写，更适合人类阅读，并具备与 N-Triples 格式及 SPARQL W3C 推荐标准的三元模式语法的兼容性，而 JSON（或 JSON-LD）更多地被设计嵌入 HTML 标记中，用于减少应用程序对 RDF 的消耗。各种数据应用场景的相互融合发展使得不同序列化格式之间的 RDF 数据转换愈加重要，这个任务可以通过 RDFLoader 插件来完成。RDFLoader 插件可用作各种可用 RDF 图谱数据格式之间双向转换的翻译器，具备拆分/合并文件的扩展功能，并将转换后的结果加载到图谱存储系统中，支持文件系统、远程 URL 和字符串流的 RDF 输入，包括输入设置（Input Setting）、高级设置（Advance Setting）和输出设置（Output Setting）三个部分。图 4-13 给出了 RDFLoader 参数配置界面，表 4-6 则展示了 RDFLoader 参数设置。

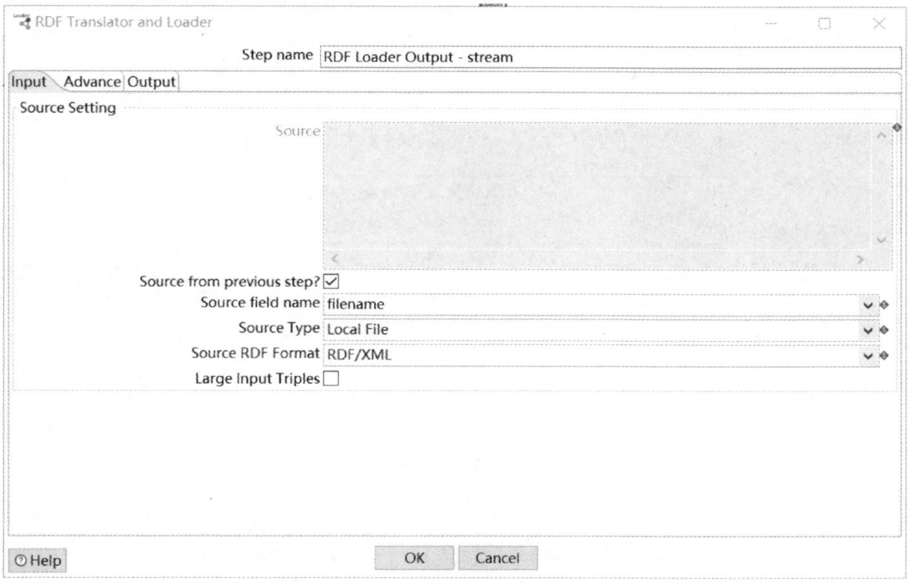

（a）输入配置

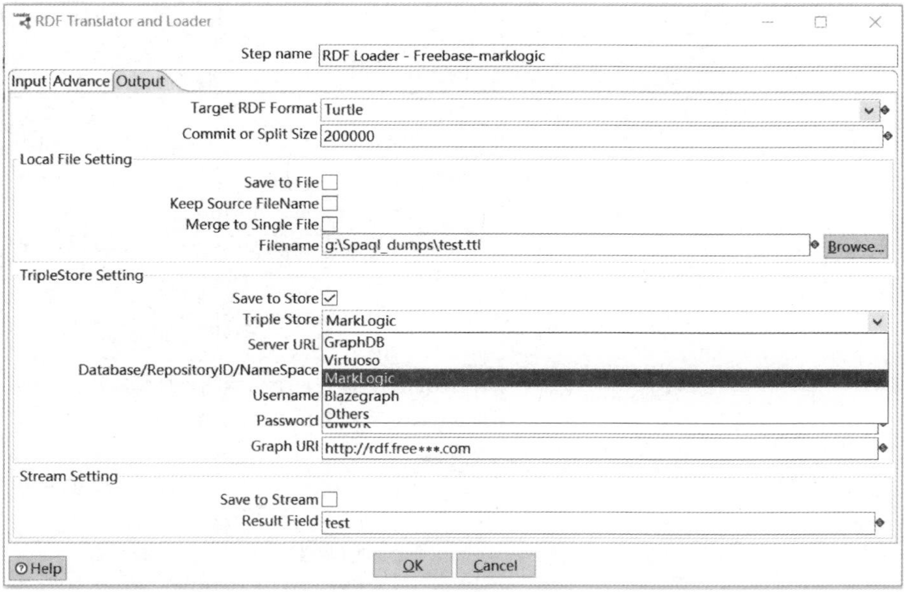

（b）输出配置

图 4-13　RDFLoader 参数配置界面

表 4-6   RDFLoader 参数设置

参数名称		功能描述
输入设置 （Input Setting）	Source	待转换加载的 RDF 图数据
	Source from previous steps?	勾选该项表示 RDF 图数据源来自上一步数据流
	Source field name	仅用于勾选"Source from previous steps?"选项时，给出数据源名称
	Source Type	数据源，如本体文件系统、远程 URL 或字符串流
	Source RDF Format	RDF 图数据格式，已基本覆盖全部通用格式
	Large Input Triples	输入数据规模的选项，默认不勾选，若勾选，对于规模数据转化则不支持数据输出文件的计数、合并或拆分
高级设置 （Advance Setting）	BaseIRI	如果 RDF 图数据包含 relative IRIs，则可根据 Base IRI 解析
	BNode	是否保留 BNode id 的选项
	Verify URI syntax	URI 语法验证选项，发生错误时检查并返回失败日志
	Verify relative URIs	relative URI 验证选项，发生错误时检查并返回失败日志
	Verify language tags	语言标记验证选项，发生错误时检查并返回失败日志
	Verify datatypes	数据类型选项，发生错误时检查并返回失败日志
	Language tags	语言标记/数据类型的选项，包括语言/数据类型无法识别时的失败解析，以及对已识别的语言标记/数据类型值进行规范化
	Datatype	
输出设置 （Output Setting）	Target RDF Format	转换后目前 RDF 图的输出格式
	Commit or Split Size	定义输出上载图谱数据文件或三元组数量，默认值 0 表示所有的数据处理一次性完成
	Local File Setting	输出数据文件系统存储选项，包括子选项：Save to File System（保存到本文文件系统）、Keep Source FileName（保留源文件名）和 Merge to Single File（合并到单个文件）（搭配"Commit or Split Size"使用），需给出文件名和本地存储路径
	TripleStore Setting	输出数据三元组库存储选项，包括子选项：Save to Store（保存到库）、Triple Store（三元组库类型）、Server URL（服务器 URL）、Database/RepositoryID/NameSpace（不同三元组库的标识符）、Username（用户名）、Password（密码）和 Graph URI（图 URI）
	Stream Setting	用于下一步数据传输的字符串流选项，包括子选项：Save to Stream（保存到数据流）和 Result Field（结果字段名）

在图谱数据输入模式上，RDFLoader 数据源支持使用 SPARQL 查询文件系统、远程 URL 或字符串流，一个基于 SPARQL CONSTRUCT 查询从远程 URL 获取图谱数据的示例如下：

```
CONSTRUCT {?s ?p ?o}

WHERE {

        GRAPH <http://sci***.springernature.com>

        {?s ?p ?o. }

}
```

此外，表 4-6 高级设置中展示的 URI 语法、语言和数据类型的各种验证选择器（错误检测）均是继承和重用 RDF4j，导入函数的用户界面则借鉴 GraphDB，以期提高数据转换的准确性。该插件还有一个重要特性，可以支持 RDF 图数据同时加载到不同的文件位置和不同类型的三元组存储，具有很强的灵活性。

4.3.3　多查询端远程图谱数据迁移

随着图谱数据规模的日益增长，有些数据集已远超出单机处理量级，学术界通过设计分布式 RDF 数据库以支持 SPARQL 查询等应用，包括采用云计算平台（如 Hadoop、Trinity[15]）、依据数据划分物理存储策略（如 TriAD[16]、SemStore[17]、DiploCloud[18]）、联邦（如 DARQ[19]、SPLENDID[20]、HiBISCuS[21]）等方式，同时语义网上有大量的开放知识库，因此不同终端图谱数据的迁移对于大规模图谱数据组织与管理具有非常重要的现实意义。本书设计的 SPARQLIn 插件利用了 SPARQL 1.1 查询语言功能，可以基于图形缓存以只读方式针对远程 URL（存储 RDF 数据的 SPARQL 远端）进行 RDF 图数据迁移。图 4-14 给出了远程图谱数据迁移任务中插件配置文件界面，表 4-7 对 SPARQLIn 参数设置进行了详细描述。

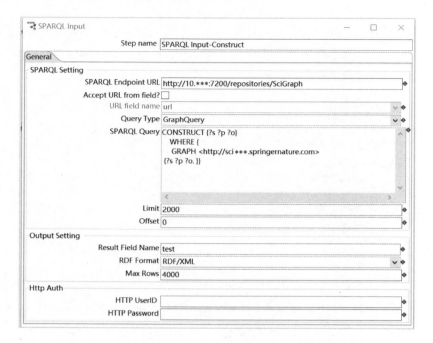

图 4-14 远程图谱数据迁移任务中插件配置文件界面

表 4-7 SPARQLIn 参数设置

参数名称		功能描述
SPARQL 设置（SPARQL Setting）	SPARQL Endpoint URL	SPARQL 端点 URL
	Accept URL from field	是否接受 URL 来自字段（字符串流）的复选框，勾选是指 SPARQL 查询端点的 URI 来自 Kettle 任务流之前的步骤，值从"URL field name（URL 字段名）"获取
	URL field name	仅用于选择勾选"Accept URL from field"选项时，给出输入字段的下拉选项列表
	Query Type	查询模式：图查询（GraphQuery）或元组查询（TupleQuery）
	SPARQL Query	SPARQL 查询方式：SELECT 或 CONSTRUCT
	Limit	数据处理规模的限制，适用于大规模数据处理情境，可根据实际情况设定相应的值
	Offset	数据处理的基准位置

（续表）

参数名称		功能描述
输出设置 （Output Setting）	Result Field Name	保存文件的名称
	RDF Format	目标数据的格式，SELECT 查询支持 JSON、XML、CSV 或 TSV，CONSTRUCT 查询仅支持 RDF 格式
	Max Rows	定义输出文件的最大规模，默认值为 0，表示得到所有的 RDF 图数据
远程 URL 认证 （Http Auth）	HTTP UserID	SPARQL 端点的用户 ID，非必填项
	HTTP Password	SPARQL 端点用户 ID 对应的密码，非必填项

SPARQLIn 插件支持 SPARQL SELECT 和 CONSTRUCT 两种查询方式，前者直接返回本地可访问的 API 或序列化格式为 JSON、XML、CSV 或 TSV 的文件变量，而后者只返回特定的 RDF 图模板。同时，查询模式上支持图查询（GraphQuery）和元组查询（TupleQuery），图查询结果为 RDF 图或一组语句，适合从存储的 RDF 图数据中提取子图并进一步序列化，元组查询结果为表示查询解决方案的元组或变量绑定（Variable Bindings），通常用于从 RDF 数据中获取特定的值，如 URI、空白节点或属性值。需要注意的是，在使用过程中必须添加一个类似文本文件的输出步骤，并在其中设置更多的输出参数，包括文件名、目标存储路径、父目录、是否压缩等。

4.3.4　图谱数据的动态更新

与 SPARQL 1.1 查询语言操作类似，RDF 图可以通过使用 SPARQL 1.1 更新语言进行更新管理。SPARQLUpdate 插件支持图更新（Graph Update）和图管理（Graph Management）两种方式，图更新指在图存储中添加或删除三元组，图管理则允许在图存储中创建、删除、移动、复制甚至添加图，为实现更加复杂的数据处理任务或应用程序，这两种操作可以依据需求组合使用。SPARQLUpdate 配置界面如图 4-15 所示，参数设置如表 4-8 所示。

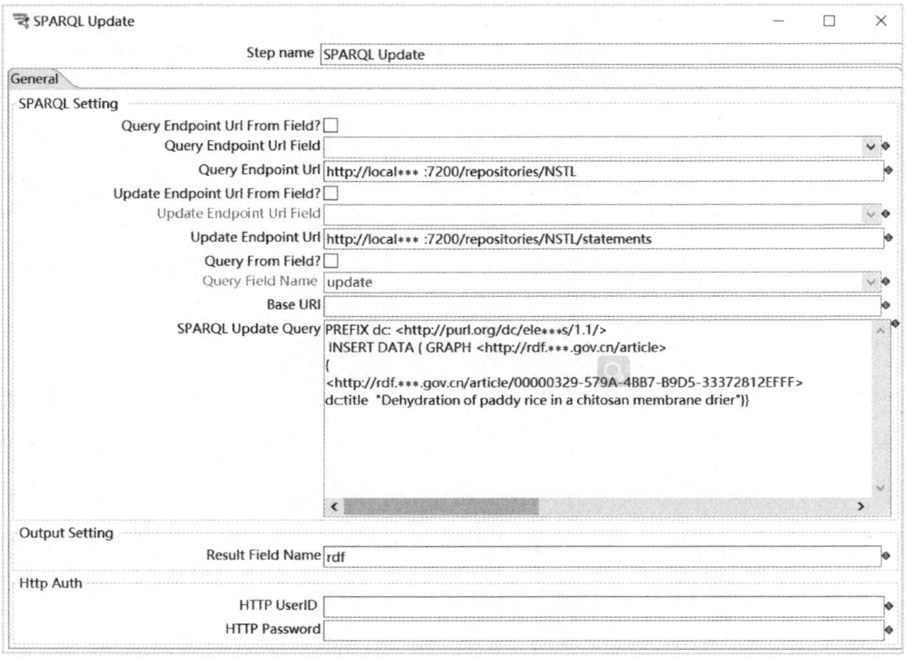

图 4-15　SPARQLUpdate 配置界面

表 4-8　SPARQLUpdate 参数设置

参数名称		功能描述
SPARQL 设置（SPARQL Setting）	Query Endpoint Url From Field?	勾选是指 SPARQL 查询端点的 URI 来自 Kettle 任务流之前的步骤，值从"Query Endpoint Url Field（查询端点 RL 字段名）"获取
	Query Endpoint Url Field	仅用于勾选"Query Endpoint Url From Field?"选项时，给出输入字段的下拉选项列表
	Query Endpoint Url	若未勾选"Query Endpoint Url From Field?"选项，则直接使用查询端点 URL
	Update Endpoint Url From Field?	勾选是指 SPARQL 更新端点的 URI 来自 Kettle 任务流之前的步骤，值从"Update Endpoint URL Field（更新端点 URL 字段名）"获取
	Update Endpoint Url Field	仅用于勾选"Update Endpoint Url From Field"选项时，给出输入字段的下拉选项列表

（续表）

参数名称		功能描述
SPARQL 设置（SPARQL Setting）	Update Endpoint Url	未勾选 "Update Endpoint Url From Field" 时使用，更新端点的 URL 值
	Query From Field?	勾选是指 SPARQL 更新查询来自 kettle 任务流之前的步骤，值从 "Query Field Name（查询字段名）" 获取
	Query Field Name	仅用于勾选 "Query From Field" 时
	Base URI	如果 RDF 图数据包含 relative IRIs，则可根据 Base IRI 解析
	SPARQL Update Query	图更新的 JavaScript 编程，仅在未勾选 "Query From Field" 时使用
输出设置（Output Setting）	Result Field Name	保存图数据的文件名称
远程 URL 认证（Http Auth）	HTTP UserID	SPARQL 端点的用户 ID，非必填项
	HTTP Password	SPARQL 端点用户 ID 对应的密码，非必填项

与上述三个只需要填写配置模板的插件不同，SPARQLUpdate 的设计将配置文件和功能模块分开，需要用 JavaScript 进行一些简单的编程。下面的代码展示了一个图更新的示例，即在图谱插入主语分别为 gid（唯一键值）、标题和发布日期的三元组。

```
var graphURI="{GRAPH<http://rdf.n***.gov.cn/article>";

var prefix="PREFIX dc:<http://purl.org/dc/ele***s/1.1/>";

var triples="{<http://rdf.n***.gov.cn/article/"+gid+">dc:title\""+title+"\";
dc:publicationDate \""+ year + "\"}";

var update=prefix+"INSERT DATA"+graphURI+triples+"}";
```

以上所述即为基于 ETL 工具的语义知识图谱生成及管理办法，各应用场景可归纳为知识抽取、知识补全更新等过程。从图谱构建的角度来说，该方法与基于 Jena 的语义图谱生成方法及其他现有技术工具相比，具有如下优势：

（1）强大的访问功能，支持多种类型的数据源，包括非 RDF 数据（如

Excel、CSV、XML 和 JSON 文件或关系数据库或非关系型数据库）和 RDF 数据。

（2）提供图谱数据混合存储方案。

（3）继承 Kettle 本身直观友好的用户界面。

（4）提供简单高效的方式创建和启动复杂的数据处理任务，通过填写配置文件即可实现一站式操作，可以节省人工成本。

（5）支持多场景应用，如 RDF 图谱数据生成、不同序列化格式之间的转换、远程图谱数据迁移或 RDF 图更新，且可以灵活地补充其他服务或工具。

4.3.5 性能评估与对比试验分析

鉴于 RDF ETL 工具插件支持广泛应用场景且友好易用，已经被部署应用在一些涉及链接数据处理的实际案例中。本节将通过实验来验证该工具插件在 RDF 图数据处理上的效率，并在部分功能上与目前典型的工具/系统进行测试对比。

数据实验包括语义知识图谱生成和图谱数据格式转换两部分，数据集分别采用国家科技图书文献中心的关系型文献数据和 SN SciGraph 的部分开源图谱数据（JSON 格式），数据生成/转换与加载结果记录如表 4-9 所示。

表 4-9 数据生成/转换与加载结果记录

数据源	数据格式	数据量/个	映射字段数量/个	生成的 RDF 三元组数量/个	总耗时/秒
SQLServer	RDB	336831	5	1159687	38.6
		798389	9	7521876	304
MongoDB	JSON	1948268	17	37038563	1938

表 4-9 展示了三个数据集的数据处理效果，由总耗时和生成的 RDF 三元组数量相除计算可知，RDF 图数据的生成/转换和加载的速率可达 10000 个/秒，不同数据库源的数据读取速度也有差异，SQLServer 比 MongoDB 的效率要高得多。同时，数据结果复杂性直接影响了数据处理效率，映射字段（属

性）越多，图谱数据生成/转换和加载速度就越慢。

此外，本节还对 RDF ETL 插件与其他典型 RDF 图数据处理工具或框架进行了两个对比试验。

1. 与基于语义中间件 Jena 的 RDF 图谱生成效率对比

开源框架 Jena 是语义网领域遵循 W3C 标准的典型三元组库代表，主要功能包括：提供创建、读写、查询 RDF 容器的 API，支持以三元组、RDF/XML 形式读写 RDF；Jena 框架中包含本体系统，支持基于 RDFS、DAML+OIL、OWL 等本体的基础操作；支持数据库存储数据，数据可存储到硬盘、关系型数据库或 RDF/OWL 文件中，并支持相应的读取操作，实现持久化；Jena 框架中包含 ARQ（Automatic Repeat-reQuest）查询引擎，支持 SPARQL 和 RDQL 两种查询语言；支持基于规则的推理，原理是在创建模型时建立推理器和模型之间的关联。

基于 Jena 的科研知识图谱生成主要通过代码方式实现，以基于 Jena 的 RDF 关联构建算法为例，对象属性和数据属性的创建过程算法如算法 4-1 所示。

算法 4-1　基于 Jena 的 RDF 构建算法——对象和数据属性构建过程

Input：表中的字段 $field_m$

Output: RDF 数据

Begin

if $field_m$!=NULL **then**

　　Concept.addProperty(

　　　　model.createProperty("PropertyName"), X)

具体过程为：获取输入表中首字段并将其设置为实体类型，判断该字段的值是否为空，如果不为空，则通过 Concept.addProperty( )函数进行创建并添加属性，若为对象属性，X 则为概念名；若为数据属性，X 则为宾语的 URI。下例即为期刊论文数据转换过程中对 Issue_ID 字段和 Classification

字段的属性创建过程：

```
If (null !=Issue_ID && "" !=Issue_ID)      //Issue_ID 不为空

{

    concept.addProperty(

    model.createProperty("http://***.org/dc/terms/isPartOf "),

    model.createProperty("http://linked.***.cn/scikg/issue/"+ Issue_ID.trim());

}

    If (null !=Classification && "" !=Classification)      //Classification 不为空

{

    concept.addProperty(

    model.createProperty("http://ns.***.com/terms/hasSubject", Classification);

}
```

对于具有一定计算机技术背景或编程经验的研究者来说，基于 Jena 的语义图谱生成方式充分利用了 Jena 在三元组支持上的友好特性，在实现上可根据数据特征、应用需求等实时定制，具有较强的灵活性，但通常适用于小规模语义知识图谱的构建，随着图谱规模的增大，生成效率会大幅降低。此外，这种方式生成的图谱数据文件需要自行加载到图数据库，会产生一定的时间损耗。

2. 与基于 LDIF 从 SPARQL 终端获取图谱数据的效率对比

对比试验尝试从 AGROVOC SPARQL 终端获取三元组数据，分别采用 SPARQLIn 插件和工具 LDIF（Linked Data Integration Framework）[22]（更新截至 2014 年 2 月 13 日，版本号 0.5.2）。如前所述，SPARQLIn 插件支持设置每次获取数据的规模（参数 Limit），将其设置为每批次 50 万个三元组，获取三元组 6752536 个总用时 2 分 30 秒（通过 SPARQLIn 插件从

AGROVOC SPARQL 终端获取 RDF 数据如图 4-16 所示）。LDIF 作为构建关联数据应用程序的框架，主要用于 Web 语义数据的获取、整合与本地化存储，运行方式是通过配置文件及命令行。将其设置在 SPARQL import 模式进行 AGROVOC SPARQL 终端三元组获取，总耗时 6 小时 47 分 41 秒（通过 LDIF 从 AGROVOC SPARQL 终端获取 RDF 数据如图 4-17 所示），它的主要原理是将获取的中间结果保存在内存中，运行速度受限于内存数量，且默认每批次获取数据规模为 5000 个三元组，本地写数据占据了大部分时间。

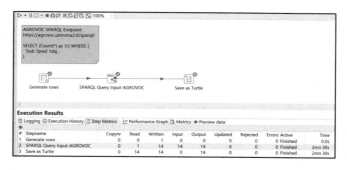

图 4-16　通过 SPARQLIn 插件从 AGROVOC SPARQL 终端获取 RDF 数据

图 4-17　通过 LDIF 从 AGROVOC SPARQL 终端获取 RDF 数据

以上试验证实，基于 RDF ETL 工具的科研知识图谱生成方法可以有效地补充其他功能缺失的服务或工具，同时简化了任务流程，在现有数据基础设施条件下具备很强的可操作性和效率优势。

总的来说，RDF ETL 工具与 Kettle 整个生态体系集成，能有效解决多个 RDF 图数据管理场景问题，包括：①支持从多种关系型数据库或结构化文档读取非 RDF 结构化数据，通过可视化界面配置（零编码）就能完成 RDF 的映射、转换、创建，结果能保存到本地或几类主流的 RDF 三元组库；②支持本地及远程文件或数据流中 RDF 数据的语法格式转换，转换生成的数据文件可进行合并和拆分；③支持从 SPARQL 查询终端批量查询和导出 RDF 数据，包括图查询和元组查询两种形式，查询结果与插件 RDFLoader 协作建立流程，可将结果保存到本地或远程 RDF 数据文件，或转移到几类主流的 RDF 三元组库；④支持 SPARQL Update 协议，在 ETL 框架体系和数据管道流程上，只需少量代码配置就能动态组合 RDF 三元组数据增、删、改的批量操作命令，可有效满足基于关系型或其他来源的数据进行 RDF 三元组的局部增量更新需求。然而，功能维度的支持上仍存在局限性，如 SPARQLUpdate 插件中需手动配置和编辑、需借助其他软件/算法实现异构知识图谱的融合匹配等，这也是后续将持续研究的重点。

4.4 结构化语料获取解析与加工

随着信息技术和大数据的发展，科技文献的结构化发布模式极大地方便了科研知识图谱的构建及语义揭示，批量文献语料的获取方式也越发丰富，如长期积累自建的文件数据、知识服务网站（或学术信息数据库）及开源数据下载等。基于知识模型的语料数据补全及解析加工，即数据预处理，是科研知识图谱构建的重要环节，主要目的是解决语料数据异构、关键字段信息缺省等问题，通过主题匹配的方式在科技文献数据和专题数据之间建立相关关系，以及更细粒度地揭示文献内容。语料预处理包括实体（科研人员、科研机构）消歧、文献重要度计算、文献主题标引、摘要语步分类等子任务。

4.4.1　基于 PID 和消歧算法的实体消歧

实体歧义是影响语料数据质量的重要因素，同一实体名称对应到多个概念会直接降低基于知识图谱的信息检索、研究评估等应用的准确性和召回率，因此精确细致的实体消歧工作必不可少[23]。科研本体涉及的实体类型中，主要以科研人员、科研机构两类数据的消歧为主。现有相关研究多是基于名称、地址或者邮箱等信息，缺乏统一、通用的指标，永久标识符（Persistent Identifier，PID）的出现与广泛使用可以极大地提升人名、机构等实体消歧的准确率。现行的学术交流体系中已经建立并采用了一系列成功的开放标识符，如 Crossref 和 DataCite 的资源表示符 DOI、人员标识符 ResearcherID 和 ORCID ID，机构标识符方面有 GRID ID、Wikidata ID、OrgRef ID（目前已停止更新）、ISNI ID 和 VIAF ID，独特的 PID 不仅有助于构建具有丰富信息的规范数据库，也可以提升系统间的互操作性。基于 PID 和消歧算法的实体规范与消歧采用唯一标识符与相似性匹配相结合的理念，针对不同歧义程度的名称制定不同的消歧策略，对科技论文中作者或所属机构进行消歧和合并，将实体的不同名称变体形式关联起来。

1．科研机构规范与消歧

机构名称消歧（Institution Name Disambiguation，IND）一直是信息资源管理领域的热点及难点问题，相关研究实践主要分为三类：①基于词语相似度（Word Similarity）的机构名称消歧，指通过比较两个不同字符串间的相似度（通常以百分比表示）来判断机构名称是否一致，常用的算法有余弦相似度（Cosine Similarity）、欧氏距离（Euclidean Distance）、汉明距离（Hamming Distance）和编辑距离（Edit Distance）；②基于规则和统计的机构名称消歧，该方法通常结合词语相似度算法使用，设计特定规则并结合统计学来实现机构名称的统一，如通过引入由机构名称类别和字符串组成的关键语义特征来增强基于编辑距离的传统机构名称匹配效果[24]；③基于属性分类特征的机构名称消歧，将每个机构独立于词汇化的一般特征表示为配置文件，并结合机器学习使用，如具有特征增强的 IND 自适应方法[25]、基于朴素贝叶斯模型（Naive Bayes Model，NBM）的跨书目数据库消歧[26]。此外，还有许多其他尝试，如使用隐马尔可夫模型实现命名实体识别等[27]。

1）机构元数据规范模型

为了保证机构信息的全面性和准确性，机构元数据规范模型必不可少，也在很大程度上决定了机构消歧算法的有效性。作者所在研究团队继承和重用现有的三个权威元数据标准：都柏林核心元数据倡议 DCMI、期刊文章标签套件 JATS 和国家科技图书文献中心统一文献元数据标准3.1，深入分析部分开放数据源设计，建立机构元数据规范模型，如图 4-18 所示。

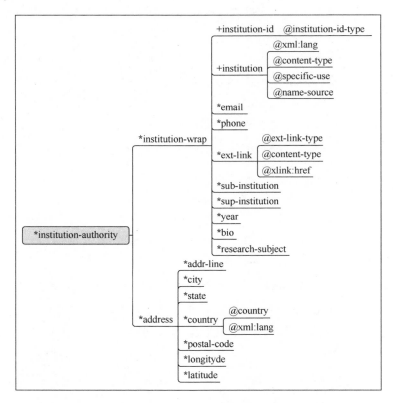

图 4-18　机构元数据规范模型

该模型包含 institution-wrap 和 address 两个核心部分，基本要素及其属性说明如表 4-10 所示。

表 4-10　基本要素及其属性说明

要　　素	描　　述	频　　次
institution-id	PID 的类型和值	$[1, \infty)$
institution	机构名称及其属性 @xml:lang（语种） @content-type（机构类型，如教育机构、政府机构等） @specific-use（别名） @name-source（数据源）	$[1, \infty)$
ext-link	相关网址，如机构门户等	$[0, \infty)$
sub-institution	下属机构	$[0, \infty)$
sup-institution	上级机构	$[0, \infty)$
year	成立年份	$[0, 1]$
bio	机构简介	$[0, 1]$
research-subject	研究领域	$[0, \infty)$

通常，机构可能有多个具有不同程度歧义的名称，包括各种语言中的全名、别名和缩写等。例如，中国农业科学院英文全称 Chinese Academy of Agricultural Sciences 和缩写 CAAS 指的是同一机构。针对这一情况，实践过程中将数据库中找到的第一个名称定义为机构的值，其余的元素则归类为属性 institution@specific-use，以"苏黎世大学"为例，图 4-19 显示了 XML 中机构信息描述示例。

```
<institution-authority>
  <institution-wrap>
    <institution-id institution-id-type="isni_id">0000000419370650</institution-id>
    <institution-id institution-id-type="grid_id">grid.7400.3</institution-id>
    <institution-id institution-id-type="wiki_id">Q206702</institution-id>
    <institution-id institution-id-type="viaf_id">122255956</institution-id>
    <institution-id institution-id-type="orgref_id">314803</institution-id>
    <institution name-source="GRID">University of Zurich</institution>
    <institution specific-use="alternative" name-source="WIKI">Uni Zurich</institution>
    <institution specific-use="alternative" name-source="ISNI">UZH</institution>
    <institution specific-use="alternative" name-source="VIAF">université de Zurich</institution>
    <institution specific-use="alternative" name-source="WIKI">苏黎世大学</institution>
    <institution specific-use="alternative" name-source="WIKI">Университет Цюриха</institution>
    <institution specific-use="alternative" name-source="WIKI">チューリヒ大学</institution>
    <institution specific-use="alternative" name-source="ISNI">Universität Zürich</institution>
    <institution specific-use="alternative" name-source="WIKI">University of Zürich</institution>
    <institution specific-use="alternative" name-source="WIKI">Uni Zürich</institution>
    <institution specific-use="alternative" name-source="WIKI">UNIZH</institution>
    <institution specific-use="alternative" name-source="ISNI">Universitat Zurich</institution>
    <institution specific-use="alternative" name-source="Orgref">University of Zurich</institution>
    <email></email>
    <phone></phone>
    <ext-link ext-link-type="uri">http://en.wiki***.org/wiki?curid=314803</ext-link>
    <ext-link ext-link-type="uri">http://en.wiki***.org/wiki/University_of_Zurich</ext-link>
    <ext-link ext-link-type="uri">http://www.uzh.ch/</ext-link>
    <sub-institution></sub-institution>
    <sup-institution></sup-institution>
    <year>1833</year>
    <bio>university in Switzerland</bio>
    <research-subject></research-subject>
  </institution-wrap>
  <address>
    <addr-line></addr-line>
    <city>Zurich</city>
    <state></state>
    <country>Switzerland</country>
    <postal-code></postal-code>
    <longitude>8.55097</longitude>
    <latitude>47.374535</latitude>
  </address>
</institution-authority>
```

图 4-19　XML 中机构信息描述示例

2）机构消歧规则

当前，机构名称消歧存在着辅助信息少、名称形式多样化等问题，一些机构名称尽管存在各种变体（简称、全称）形式，但都指向同一个机构实体。机构包含的特征有：机构名称、国家、地址、PID 等，其中机构名称的对比主要分为三种情况：简称与全称、简称与简称、全称与全称。

据此制定的机构查重和消歧规则如下：

（1）机构唯一标识具有相同类型和值。

（2）机构名称相同。

（3）先通过国别进行聚类，再全库机构模糊匹配，相似度大于设置的阈值（如 0.9）。

满足（1）～（3）中的任意一条即可判定为同一机构。

消歧算法主要提供两种不同原理的模式：键值相似和邻近算法。

（1）键值相似（Key Collision）消歧：主要使用键函数来映射某个键值，相同的聚类键值也相同。例如，假设有一个移除空格功能的键函数，那么"A F E""AF E"和"A FE"的键值均为"AFE"。真实情境下构建的键函数通常更加复杂和高效。

（2）邻近算法（Nearest Neighbor）消歧：主要采用编辑距离函数来衡量各值之间的相似性。例如，将每一次修改定义为一个变化，则值"Coat"和"Cots"变化数是 2，包括一次增加和一次删除。常用的距离函数为 levenshtein 编辑距离算法。

在实际应用场景中，很难确定以上哪种模式或方法效果最好，通常采用两者相结合的策略，而后需要确认相似项是否真的可以合并。比如，先尝试键值相似消歧方法，然后再使用邻近算法消歧方法。

基于上述分析，本节选取 GRID、OrgRef、Open ISNI、VIAF、Wikidata 五个权威数据源的机构信息，设计基于 PID 和消歧算法的机构规范与消歧方法，实施方案如图 4-20 所示。

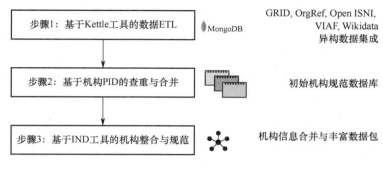

图 4-20 实施方案

步骤 1：基于 Kettle 工具的数据 ETL。在机构名称消歧之前，需从不同来源采集机构相关数据，包括名称、国家、地址和 PID 等，存储于数据库如 MongoDB，并在机构元数据规范的约束下进行数据预处理操作 ETL，以实现异构数据的集成和统一存储。Kettle 是一种由元数据驱动的高效开源 ETL 工具，提供直观的图形化设计环境，支持多种不同应用或数据库间的数据整合。需要说明的是，书中涉及的数据处理阶段多在 Kettle 环境中进行，科研知识图谱的实例层转换也是基于该工具进行插件扩展，从某种意义上说，本书在 Kettle 成熟广泛的社区生态下打造了全流程科研知识图谱构建方案，是目前语义网技术领域具有前瞻性的尝试。

步骤 2：基于机构 PID 的查重与合并。对数据 ETL 的结果进行处理后，这一阶段的目标是形成初始的机构规范数据库。基于机构 PID 的消歧算法如算法 4-2 所示，主要思想是对不同来源的机构 PID 进行两两对比，根据比较结果进行添加或者合并的操作，通过递归四步计算即可得到初始机构规范数据库。

算法 4-2 基于机构 PID 的消歧算法

Input：机构 PID 的种类数 n；第 i 类机构标识符 PID_i

　　Merge：合并函数；Add：添加函数

Output：消歧合并后的机构 PID

begin

For(i=1,i++,i=n)

```
{

    if ((PID_i=Null)&&(PID_{i+1}≠Null))||(PID_i≠PID_{i+1}≠Null)

        PID_{i+1}=Add(PID_i,PID_{i+1})

    Else if (PID_{i+1}=PID_i≠Null)

        PID_{i+1}=Merge(PID_{i+1},PID_i)

    Else

        无操作

}
```

步骤 3：基于 IND 工具的机构整合与规范。为进一步实现机构的消歧与整合，需要将构建的初始机构规范数据库和 IND 工具结合使用，并根据数据情况对以往的消歧算法进行重新设计与改进。通过调研和试用分析，最终采用了可以有效、准确地诊断数据质量和清理任务的开源工具 Open Refine，它提供了具有键值/距离函数的聚类方法，可以解决单词大小写不一致、单复数形式不一致或简单拼写错误等问题。本书在开源软件的基础上保留了部分聚类和合并功能，重新设计后的功能主要有国家聚类（Country Cluster）函数、键值相似函数和邻近距离函数，并根据实际应用需求设计接口，使得工具可以直接连接到本地数据库，将处理后的结果返回给数据库。目前整体实验准确率可达 90%。

2．融合多元信息的人名消歧

与科研机构类似，科技论文中能提取出的科研人员相关信息非常有限，主要包括姓名、所属机构（通常为通信地址）和电子邮箱等，且人员流动信息错综复杂，导致科研人员消歧更加困难。在人工补充 ORCID 等信息后，可通过姓名、ORCID、邮箱三项指标进行对比分析，实现人名消歧，方法与机构消歧基本一致，此处不再赘述。

4.4.2　多因子复合加权文献重要度计算

前文提及的文献重要度是科研本体中科技论文数据模型的一个至关重要的属性，通常指依托期刊或会议发表的科技论文影响力与学术价值的定量评估，与论文被引频次、所在期刊或会议的影响因子、作者科学价值、发表年份及内容质量等多个因子紧密相关，是整个论文科研综述结构组织和呈现的重要指标。常见的文献重要度评价方法主要有依据文献被引频次的引用计数算法[28]、Google 提出的基于 PageRank 算法和文献间链接关系的 PR_P 排名算法[29]、Teoma 中应用的链接分析算法 HITS（Hyperlink - Induced Topic Search）及以此为基础的 Co-Rank 模型[30]等，相关研究成果多应用于网络中的搜索引擎，如知识引擎 Magi 的可信度评分等，图书情报领域的案例有 AMiner 溯源树 MRT 研究中的文献重要程度。本节结合可获取数据的属性特征，通过复合加权建模的方式设计了文献重要度评价算法——以期刊论文为例（参数说明如表 4-11 所示）。

表 4-11　文献重要度评价算法中参数说明——以期刊论文为例

指标维度	指标（I_i）	说　明
内容	年均被引频次	该篇论文总被引次数与发表年限之比
载体质量	期刊影响因子（JIF）	该刊前两年发表的文献在当前年的平均被引用次数
	期刊五年影响因子（IF5）	该刊前五年发表文献的平均被引次数
	期刊学科排名	期刊在所属领域的排名情况
作者科学价值	篇均被引频次	发表论文的总被引次数与其发表论文数之比
	作者影响因子（AIF）	作者科学价值指数

根据数据特征，分别从内容、载体质量、作者科学价值三个维度遴选指标并确定相应权重 W_i（ $i \in [1,6]$ ）。内容评价采用年均被引频次指标；载体质量以期刊影响因子（Journal Impact Factor，JIF）、期刊五年影响因子（5-Year Impact Factor，IF5）及期刊学科排名（Journal Ranking）为指标；作者科学价值包括篇均被引频次和作者影响因子（Author Impact Factor，AIF），其中作者影响因子以量化实际科学生产率和科学家表观影响的 H 指数（H-index）表示，外文论文作者 H 指数通常可通过 Web of Science 或 Google 学术等获取，每篇论文的作者科学价值为所有作者的平均值。对于

较近年份的需进行人工审核，避免因文献太新导致的重要度低估。

各指标归一化计算得分如式（4-1）所示：

$$N_i = \frac{I_i - I_{\min}}{I_{\max} - I_{\min}} \qquad （4-1）$$

其中，$I_{\max}$ 为指标 I_i 的最大值，$I_{\min}$ 为指标 I_i 的最小值。

文献重要度得分如式（4-2）所示：

$$importantDegree = \sum_{i=1}^{6} N_i \cdot W_i \cdot 100\% \qquad （4-2）$$

需要说明的是，文献重要度评价中各参数均为当前年份数据，此项属性计算可依据需求定期更新，或作为科技论文类的复合属性，基于图谱数据中涉及的相关属性值进行实时计算。对于会议论文，文献重要度算法模型中内容和载体质量维度参数略有调整，如期刊影响因子变更为会议影响因子，载体质量中的指标为会议级别。期刊论文及会议论文的评价指标可人工进行调整和均衡。

4.4.3 基于语义匹配的文献资源主题标引

科技文献的主题词是科技文献数据模型与主题数据模型的关联枢纽，也是知识资源检索分类的重要依据，主题标引是支撑信息资源有效组织和高效知识获取的必要基础。主题概念自动标引主要是依赖词表体系所提供的规范词进行文献数据的自动标引[31]，通过主题词及主题词组配所构成的主题标识揭示文献的学科内容[32]，注重信息内容检索和主题关联，从通用概念表建设到标引方法、呈现技术均有系统性研究实践[33]，如针对短小文本及有限训练文本数量提出的基于 K 最近邻分类算法的文本自动分类方法[34]，将复合加权融合于概率主题模型——潜在狄利克雷分配（Latent Dirichlet Allocation，LDA）设计的书目信息分类方法[35]等。本节在提取关键词并降噪的基础上，借助科技文献资源中分类号（类名）、主题词、关键词三者之间的兼容关系及在自动分类方面的实验基础分析出若干学科分类的正相关影响因素，设计了一种基于语义匹配的动态可控的主题标引方法，适用于任一特定学科领域和跨学科语料。需要界定的是，本方法在计算过程中涉及的关键词非科技文献题录信息的组成部分，而是科技文献中抽取出代表主题概念的术语、概念等。

科技文献中主题概念、关键词与分类号存在着隐含的概念对应关系，且关键词在文献中出现的频次及位置是揭示主题和学科分类的重要依据。基于语义匹配的主题标引流程如图 4-21 所示。

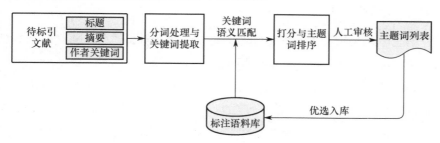

图 4-21　基于语义匹配的主题标引流程

第一步，标注语料库构建。通过继承复用已有权威语料库、领域专家和知识标引专家人工合建、基于高质量权威来源数据抽取关键词和学科分类号等多元方式构建标注语料库，即在包含词语、概念、术语等表征文献内容的知识元词库的基础上，纳入揭示文献领域特征的学科分类号，建立主题词—类号对照数据库保障后续主题标引的准确性。其中，知识元抽取方法有人工标注[36]、基于规则的方法[37]、基于统计的机器学习方法[38]、基于深度学习的方法[39]等，此处不做赘述。标注语料库构建原则包括：①分类标准：根据应用需求选择或制定学科分类标准，如常用的《中国图书馆分类法》，或出版商等基于内部资源管理策略自定义的分类方法；②语料来源：从期刊级别、影响因子、期刊规范化程度等维度遴选科技文献数据，提取包括标题、摘要、关键词在内的题录信息及对应的学科分类号（如果存在）；③选用规模：原则上，为保证语料中词汇量的丰富性及各学科分类号、主题词和关键词对应关系的准确性，应选用大量文献，避免数据稀疏导致语料库完备性欠缺，针对小样本专题，可将专题模型中子概念与已有自建库或者专题相关领域权威语料库叠加使用。

第二步，待标引文献分词处理与关键词提取。通过本体化改进的 IK 分词工具及构建的专题术语词典和若干成熟通用词表，如 STKOS、CAT 等对待标引文献的题录信息（标题、摘要及关键词）进行切词并提取关键词，获取主题信息。标引源的选取依据是基于文献[40]中对摘要、题名、关键词、首尾段、参考文献等主题表达能力的测评结果及本书作者所在研究团队的研究实践，非全文的处理效率一定程度上代偿准确率，而自建语料库及其他词表的引入是希望在一定程度上解决因知识库不完备而造成的标引结果准确性不高的问题。

第三步，关键词语义匹配，即词串匹配的相符性比较。将提取的关键词与选定的标注语料库中的关键词进行语义匹配。具体地，该方法在传统文本匹配（字面匹配）的基础上同时进行关键词词义扩展的对比分析，如单复数、缩写等的匹配。此处存在两种情况：若处理文献有学科分类信息，则获取命中的关键词及相应学科分类号信息；若没有，则获取命中的关键词。本节重点介绍第二种处理方式，统计命中的每个关键词的位置及频次。

第四步，打分与主题词排序。对上述参数进行加权计算并将得分排序，可依据结果进行多因子权重优化，实现算法的动态可控。

第五步，人工审核。可根据实际需求邀请学科领域专家对标引结果的准确率进行评估并重新降序排列，剔除正确率低的结果。人工审核阶段的基本策略为：标引专家根据标引文献来源期刊、主题等信息判断输出结果列表是否包含准确性高的主题词，并审核是否保留。

需要说明的是，实践过程中可依据审核后结果的情况判断是否可以将出现的新词加入标注语料库，进行合并或修订等操作，提升标注语料库的规模和质量。

4.4.4 基于深度学习的论文摘要语步分类

科技论文摘要的语步结构（Move Structure）识别与分类本质上是文本分类，可以更加精准地揭示论文的科学知识和主要意图，提高研究的科学性和表述的严谨性，使得科研用户能够快速掌握其核心内容[41,42]，是学术语篇语类研究中的热点问题。基于前述科研本体，本节为科技论文类创建了语步结构类属性，可以加深结构化综述中的篇级论文的描述粒度，实现结构式摘要的构建。

目前，国内外在科技论文摘要语步识别方面的研究实践已取得大量成果，主要方法有基于规则、基于浅层机器学习及近些年发展起来的基于深度学习模型[43]。基于规则的方法是在设定包含特征词或语句的句法规则前提下，通过句法匹配来识别语步的类型，对规则的质量及全面性要求较高；基于浅层机器学习的方法涉及朴素贝叶斯[44,45]、隐马尔可夫模型、条件随机场或支持向量机等传统算法[46]，其中最为关键的步骤是构建分类算法的输入特征，如词袋模型、词向量嵌入等，在生物医学等论文结构化特征比较规范的领域有着较好的应用效果；相较而言，基于深度学习模型的语步识别可充分利用句子潜在的语言学特征，无论是在领域通用性还是效果方面均有所改善，是目前最为高效、主流的摘要语步识别与分类方式，主要采用的模型有深度神经网络、长短期记忆网络、基于注意力机制的双向 LSTM 模型（Attention-BiLSTM）等。

本节采用中国科学院文献情报中心开发的 SciAIEngine 开放接口进行语句表达训练并实现科技论文摘要的结构化语步识别与分类，语步类型包括背景（Background）、目标（Objective）、方法（Method）、结果（Result）和结论（Conclusion），图 4-22 给出了科技论文摘要语步结构分类示例。

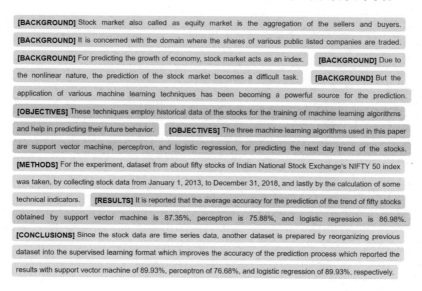

图 4-22　科技论文摘要语步结构分类示例

4.5　科研知识图谱的存储与管理

知识存储是支持用户查询、检索、分析等各种应用需求的必要条件，本书第 1 章中总结了目前主要的知识图谱数据模型、知识存储关键技术、知识图谱存储与管理方案，可以预见的是，语义网领域的 RDF 三元组库和数据库领域的图数据库呈现交叉融合发展的态势，数据管理者可基于实际需求选择或定制知识图谱的存储和管理方式。本节选取原生图数据库 Neo4j 作为语义科研知识图谱存储和应用支撑工具。作为图形数据库，Neo4j 在数据库操作效率、数据直观性、存储灵活性等方面优势尽显，且其底层特殊的数据存储结构和专门优化的图算法可以应对不同规模的数据计算。

4.5.1　知识图谱属性映射规则

由于越来越多的科研数据和通用数据都采用图表示，RDF 得到了广泛应用，SPARQL 语言可以灵活地查询 RDF 数据，但在图形遍历和分析算法方面存在局限性。在图分析背景下，属性图模型越发流行，但实际中以属性图模型描述的数据集并不多，包括 Neo4j、Oracle Labs PGX 等在内的各种图形数据库引擎在图形遍历和分析应用方面受到限制，因此 RDF 数据转属性图的方法研究变得很有价值。

RDF 图存储有两个关键特征：①以图形的形式表示、存储和查询数据；②具备语义，可以明确地描述数据的含义。RDF 图数据在"非语义"图形数据库 Neo4j 中的存储需要解决 Schema 信息及数据信息的存储问题，Neo4j 在设计上支持 OWL 和 RDFS 这些基本的本体定义语言，进而可以支持语义词汇表。RDF 图数据迁移到属性图数据库 Neo4j 后首先要做的是模型映射，RDF 图是主谓宾结构，主语和谓语都是资源，宾语既可以是资源也可以是文本或数值，若出现宾语是文本或数值这一特殊情况，则它不能成为其他三元组的主语。其中，资源都由 URI 唯一标识表示。从 RDF 图到 Neo4j 中的映射规则说明如下。

规则 1（主语映射规则）：RDF 三元组主语节点的映射。Neo4j 中表示

RDF 资源的节点标记为：Resource，并具有带有资源 URI 的属性 uri。

$$(S,P,O) \Rightarrow (: Resource \{uri : S\}) \cdots$$

规则 2a（谓语映射规则）：如果三元组的宾语是字面量（Literal）类型，那么在 Neo4j 中三元组的谓词将映射到节点属性。

$$(S,P,O) \,\&\&\, isLiteral(O) \Rightarrow (: Resource \{uri : S, P, O\})$$

规则 2b（谓语映射规则）：如果三元组的宾语是资源，那么在 Neo4j 中三元组的谓词将映射到关系。

$$(S,P,O) \,\&\&\, !isLiteral(O) \Rightarrow (: Resource \{uri : S\}) - [: P] -> (: Resource \{uri : O\})$$

以 W3C 中一个简短的 RDF 片段为例，它描述了一个 Web 页面并将其链接到作者。三元组如下：

ex: index.html	dc:creator	exstaff:85740.
ex: index.html	exterms:creation-date	"August 16, 1999".
ex: index.html	dc:language	"en".

资源 URI 采用 XML 命名空间机制，采用前缀 ex、exterms、exstaff、dc。如果基于上述映射规则遍历这个三元组，Neo4j 属性图中将获取以下元素，使用 Cypher 语言描述即为：

(:Resource { uri:"ex:index.html"})-[:'dc:creator']->(:Resource{uri:"exstaff:85740"} //基于规则 1 和规则 2b

(:Resource { uri:"ex:index.html", 'exterms:creation-date': "August 16, 1999"})//基于规则 1 和规则 2a

(:Resource { uri:"ex:index.html", 'dc:language': "dc"})//基于规则 1 和规则 2a

RDF 图转属性图模型如图 4-23 所示。

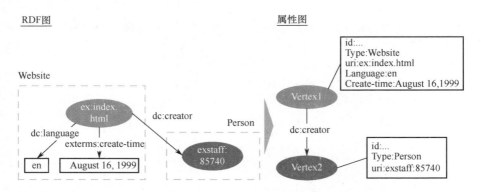

图 4-23　RDF 图转属性图模型

4.5.2　RDF2PG 转换方法

RDF 图向属性图转换的主流方法有两种。

1. 基于工具的图数据转换

Matsumoto S 等[47]开发了一个基于图到图映射语言（Graph to Graph Mapping Language，G2GML）的框架用于 RDF 图到属性图的映射（见图 4-24），该工具从 SPARQL 端检索获取 RDF 数据并将其转换为流行图数据库指定的几种不同格式的属性图，加载到多个图形数据库引擎中。G2GML 是一种声明性语言，由成对的 RDF 图模式和属性图模式组成。

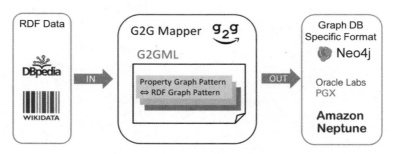

图 4-24　基于 G2GML 的 RDF2PG[47]

2. 基于图数据库插件的转换

图数据库 Neo4j 旗下 Neo4j lab 设计的开源项目 neosemantics，支持多种序列化的 RDF 数据及其相关语法（如 OWL、RDFS、SKOS 等）导入 Neo4j 数据库中进行存储。neosemantics 引用 Eclipse RDF4j 包实现解析，提供针对多种序列化 RDF 数据的存储、查询、筛选等功能，通过官方提供的文件读取 API 可以对 InputStream 中的数据进行读取并存储，通过配置 RDFFormat.**可以选择对应的序列化形式：

```
String filename = "example-data-artists.ttl";

InputStream input = ExampleReadTurtle.class.getResourceAsStream("/" +
filename);

Model model = Rio.parse(input, "", RDFFormat.TURTLE);
```

在遵循图谱映射规则的前提下，Neo4j 提供导入函数 importRDF()，可以实现 RDF 图数据的无损导入，共支持四种参数输入：

（1）待导入 RDF 图数据的 URI。

（2）RDF 图数据最典型的序列化格式：JSON-LD、Turtle、RDF/XML、N-Triples 和 TriG。

（3）表示标签、属性和关系名称等是否需要用简短前缀表示的布尔值。

（4）数据提交的周期。

总的来说，从语义知识图谱到属性图的存储过程是基于映射规则、特定插件和函数命令完成的，方法相对通用，不需要中间步骤，且存储的数据继承了 RDF Schema，不会丢失图特性。

4.6　本章小结

本章采用从模式层到数据层这种自顶向下的构建方式设计了包含科研本体设计、数据解析加工、知识抽取、图谱数据转换与管理的全流程科研知识图谱构建与存储方案及工具。通过采用基于本体工程对知识进行描述和表示的主流知识图谱建模方式，继承复用 RDFS、OWL 等通用词表及 PRISM、NPG 等成熟本体模型中定义的基础元属性，设计了将科技文献资源、科技活动主体及主题资源关联起来的科研本体。科研知识图谱数据层的构建部分充分结合现有成熟的数据处理生态，基于开源 ETL 框架构建面向关系型、非关系型、文件数据等多源异构语料数据的图数据生成、转换、迁移、更新工具，并融入基于 PID 和消歧算法的实体消歧、多因子复合加权文献重要度计算、基于语义匹配的文献资源主题标引、基于深度学习的论文摘要语步识别分类等数据预处理与加工算法模型，以及基于图谱属性映射规则、图数据库工具插件的 RDF2PG 方法，形成从数据获取、补全到图谱数据生成、管理的科研知识图谱构建与管理方法。

参考文献

[1] GUARINO N. Formal ontology, conceptual analysis and knowledge representation[J]. International Journal of Human-Computer Studies, 1995, 43(5-6): 625-640.

[2] LIN J, KARAKOS D, DEMNER-FUSHMAN D, et al. Generative content models for structural analysis of medical abstracts[C]//Proceedings of the Workshop on Linking Natural Language Processing and Biology: Towards Deeper Biological Literature Analysis, 2006: 65-72.

[3] NWOGU K N. The medical research paper: Structure and functions[J]. English for Specific Purposes, 1997, 16(2): 119-138.

[4] DOS SANTOS M B. The textual organization of research paper abstracts in applied linguistics[J]. Text & Talk, 1996, 16(4): 481-500.

[5] FARQUHAR A, FIKES R, RICE J. The Ontolingua Server: a tool for collaborative ontology construction[J]. International Journal of Human-Computer Studies, 1997, 46(6): 707-727.

[6] SWARTOUT B, PATIL R, KNIGHT K, et al. Toward distributed use of large-scale ontologies[C]//Proceedings of the 10th Workshop on Knowledge Acquisition for Knowledge-Based Systems, 1996: 138-148.

[7] DOMINGUE J. Tadzebao and WebOnto: discussing, browsing, and editing ontologies on the Web[C]//Proceedings of the 11th Knowledge Acquisition Workshop, 1998: 25-32.

[8] ARPÍREZ J C, CORCHO O, FERNÁNDEZ-LÓPEZ M, et al. WebODE: A scalable workbench for ontological engineering[C]// Proceedings of the First International Conference on Knowledge Capture, 2001: 6-13.

[9] 王昊奋, 漆桂林, 陈华钧. 知识图谱: 方法、实践、应用[M]. 北京: 电子工业出版社, 2019.

[10] DEVLIN J, CHANG M W, LEE K, et al. BERT: Pre-training of deep bidirectional transformers for language understanding[J/OL]. ArXiv:1810.04805, 2018.

[11] CAI Q. Research on Chinese naming recognition model based on BERT embedding [C]// Proceedings of 2019 IEEE 10th International Conference on Software Engineering and Service Science, 2019: 1-4.

[12] HE B, ZHOU D, XIAO J, et al. Integrating graph contextualized knowledge into pre-trained language models[J/OL]. ArXiv:1912.00147, 2019.

[13] DESSÌ D, OSBORNE F, RECUPERO D R, et al. Generating knowledge graphs by employing Natural Language Processing and Machine Learning techniques within the scholarly domain[J]. Future Generation Computer Systems, 2021, 116: 253-264.

[14] ANGIONI S, SALATINO A A, OSBORNE F, et al. Integrating knowledge graphs for analysing academia and industry dynamics[C]//Proceedings of ADBIS, TPDL and EDA 2020 Common Workshops and Doctoral Consortium, 2020: 219-225.

[15] SHAO B, WANG H, LI Y. Trinity: A distributed graph engine on a memory cloud[C]//Proceedings of the 2013 ACM SIGMOD International Conference on Management of Data, 2013: 505-516.

[16] GURAJADA S, SEUFERT S, MILIARAKI I, et al. TriAD: a distributed shared-nothing RDF engine based on asynchronous message passing[C]//Proceedings of the 2014 ACM SIGMOD International Conference on Management of Data, 2014: 289-300.

[17] WU B, ZHOU Y, YUAN P, et al. SemStore: A semantic-preserving distributed RDF triple store[C]//Proceedings of the 23rd ACM International Conference on Information and Knowledge Management, 2014: 509-518.

[18] WYLOT M, CUDRÉ-MAUROUX P. DiploCloud: Efficient and scalable management of RDF datain the cloud[J]. IEEE Transactions on Knowledge and Data Engineering, 2015, 28(3): 659-674.

[19] QUILITZ B, LESER U. Querying distributed RDF data sources with SPARQL[C]// European Semantic Web Conference, 2008: 524-538.

[20] GÖRLITZ O, STAAB S. SPLENDID: SPARQL endpoint federation exploiting VOID descriptions[C]//Proceedings of the 2nd International Workshop on Consuming Linked Data, 2011.

[21] SALEEM M, NGONGA NGOMO A C. HiBISCUS: Hypergraph-based source selection for SPARQL endpoint federation[C]//European Semantic Web Conference, 2014: 176-191.

[22] SCHULTZ A, MATTEINI A, ISELE R, et al. LDIF-linked data integration framework[C]//Proceedings of the Second International Conference on Consuming Linked Data, 2011: 125-130.

[23] YANG K H, PENG H T, JIANG J Y, et al. Author name disambiguation for citations using topic and web correlation[C]//International Conference on Theory and Practice of Digital Libraries, 2008: 185-196.

[24] 孙海霞, 王蕾, 吴英杰, 等. 科技文献数据库中机构名称匹配策略研究[J]. 数据分析与知识发现, 2018, 2(8): 88-97.

[25] ZHANG S, WU J, ZHENG D, et al. An adaptive method for organization name disambiguation with feature reinforcing[C]//Proceedings of the 26th Pacific Asia Conference on Language, Information, and Computation, 2012: 237-245.

[26] CUXAC P, LAMIREL J C, BONVALLOT V. Efficient supervised and semi-supervised approaches for affiliations disambiguation[J]. Scientometrics, 2013, 97(1): 47-58.

[27] ZHAO J, LIU F. Product named entity recognition in Chinese text[J]. Language Resources and Evaluation, 2018, 42(2): 197-217.

[28] BEEL J, GIPP B. Google Scholar's ranking algorithm: the impact of articles' age (an empirical study)[C]//2009 Sixth International Conference on Information Technology: New Generations, 2009: 160-164.

[29] FIALA D, ROUSSELOT F, JEŽEK K. PageRank for bibliographic networks[J]. Scientometrics, 2008, 76(1): 135-158.

[30] ZHOU D, ORSHANSKIY S A, ZHA H, et al. Co-ranking authors and documents in a heterogeneous network[C]//Seventh IEEE International Conference on Data Mining, 2007: 739-744.

[31] 刘五一. 对主题标引一致性的探讨[J]. 图书馆论坛, 2000, 20(1): 57-59.

[32] 李军莲, 王序文, 夏光辉, 等. 面向文献主题自动标引的通用概念表建设[J]. 情报理论与实践, 2017(4): 95-99.

[33] 陈博, 陈建龙. 基于文本挖掘和可视化技术的主题自动标引方法——以《英雄格萨尔》为例[J]. 现代情报, 39(8): 45-51.

[34] 李湘东, 徐朋, 黄莉, 等. 基于 KNN 算法的文本自动分类方法研究——以学术期刊栏目自动归类为例[J]. 图书情报知识, 2010(4): 71-76.

[35] 李湘东, 丁丛, 高凡. 基于复合加权 LDA 模型的书目信息分类方法研究[J]. 情报学报, 2017, 36(4): 26-34.

[36] TATEISI Y, SHIDAHARA Y, MIYAO Y, et al. Annotation of computer science papers for semantic relation extraction[C]//Proceedings of the 9th International Conference on Language Resources and Evaluation, 2014: 1423-1429.

[37] 钱力, 张晓林, 王茜. 科技论文的研究设计指纹自动识别方法构建与实现[J]. 图书情报工作, 2018, 62(2): 135-143.

[38] TSAI C T, KUNDU G, ROTH D. Concept-based analysis of scientific literature[C]//Proceedings of the 22nd ACM International Conference on Information & Knowledge

Management, 2013: 1733-1738.

[39] 余丽，钱力，付常雷，等. 基于深度学习的文本中细粒度知识元抽取方法研究[J]. 数据分析与知识发现, 2019, 3(1): 38-45.

[40] 赵妍，侯汉清，耿金玉. 中文期刊论文自动标引加权设计研究[J]. 新世纪图书馆, 2004(1): 40-43.

[41] TEUFEL S, MOENS M. Summarizing scientific articles: Experiments with relevance and rhetorical status[J]. Computational Linguistics, 2002, 28(4): 409-445.

[42] YUFAN G, KORHONEN A, POIBEAU T. A weakly-supervised approach to argumentative zoning of scientific documents[C]//Proceedings of the Conference on Empirical Methods in Natural Language Processing, 2011: 273-283.

[43] NASAR Z, JAFFRY S W, MALIK M K. Information extraction from scientific articles: a survey[J]. Scientometrics, 2018, 117(3): 1931-1990.

[44] LAKHANPAL S, GUPTA A, AGRAWAL R. Towards extracting domains from research publications[C]// Proceedings of the 26th Modern Artificial Intelligence and Cognitive Science Conference, 2015: 117-120.

[45] RUCH P, BOYERC C, CHICHESTER C, et al. Using argumentation to extract key sentences from biomedical abstracts[J]. International Journal of Medical Informatics, 2007, 76(2-3): 195-200.

[46] LIN J, KARAKOS D, DEMNER-FUSHMAN D, et al. Generative content models for structural analysis of medical abstracts[C]//Proceedings of the HLT-NAACL BioNLP Workshop on Linking Natural Language and Biology, 2006: 65-72.

[47] MATSUMOTO S, YAMANAKA R, CHIBA H. Mapping RDF graphs to property graphs[J/OL]. ArXiv:1812.01801, 2018.

第 5 章

知识图谱驱动的科研综述表达实践

    大数据环境中的科研和创新范式正在经历着革命性变化，科技文献数量迅速激增，信息用户对知识服务提出了更高的要求，如在海量文献中快速、高效地获取信息，或对某个专题的发展脉络有全面的了解。因此，传统的知识服务模式不断向多元化、技术集成化转变。综述技术研究作为一个既传统又前沿的领域，其发展与计算技术紧密相连，漫长的推进过程中始终以文本形式为主且效果不甚理想，尤其在大量文献的知识汇聚方面。本章针对现有综述研究存在的局限性问题，将科研知识图谱应用于科研综述生成中，研究分析基于知识图谱及知识计算驱动科研综述的技术机制，从知识揭示层次、结果呈现形式等维度设计科研综述场景，结合知识图谱结构特征展示专题基本概念、发展河流图、主题演化分析、重要科研主体等维度信息，以期设计提供满足信息用户快速了解专题文献信息的知识应用。

5.1　实践背景介绍

    在开放科学背景下，随着信息与网络技术的迅速发展，科技论文等学术资源逐渐进入"大数据化"阶段，诞生了数据密集型的知识发现范式，科学研究进入新常态，交叉学科研究、转换型研究、跨学科跨地域合作研究及基于重大复杂战略问题的研究等不断涌现。科技文献的数量已远远超过人工处理的极限，科研人员置身海量文献资源中，需要花更多的精力从文献海洋中理顺相关研究的发展脉络并从冗长的文章中捕捉主要思想，使得原本紧张的研究工作执行起来更加困难。爱思唯尔 2019 年关于科研群体需求的报告《科研的信任》（*Trust in Research*）指出，现如今研究人员平均每周用超过 4 小时的时间来搜索寻找相关的研究文献，并用超过 5 小时的时间来阅读这些文献。同时，海量的科技文献使得科研人员面临着严峻的知识获取问题，2011—2019 年，科研人员的平均文献阅读量减少了 10%，但检索查询文献的时间成本却不断增加，达到了 11%的增幅。显然，大数据互联网时代为知识共享带来便利的同时，对知识的发现、挖掘和利用提出了更高的要求，传统的知识获取面临着巨大的挑战，科技文献的多角度挖掘和全景式揭示无论对海量数据价值发挥，还是对满足科研用户知识需求都意义重大。

伴随着大数据和人工智能技术的发展，多形态智能知识服务应运而生。语义检索提供与检索对象相关的其他知识对象的揭示及关联检索，并逐步支持知识探索与组织，如 Google 搜索、Bing 学术搜索等集成检索平台，支持知识关系发现的学术搜索引擎 Semantic Scholar 和 Yewno。知识挖掘分析指利用文献计量学、知识抽取、机器学习等技术方法实现知识计算，进而支撑知识及知识关联关系的发现，典型案例有《科学结构图谱》[1]。特别地，自动摘要/综述相关研究可以从不同维度全面、系统地揭示科研人员相关研究专题的发展全貌，对于海量科技文献中的知识发现有着极大的应用价值，可大大提高科研用户在合理时间内获取研究信息的速度，是文献检索领域的热点研究问题。无论是在学术界还是工业界，一系列研究实践相继出现，如 Google 开源深度学习框架 TensorFlow 中基于序列到序列（Sequence-to-Sequence，Seq2Seq）和 Attention 的自动文摘模型 Textsum[2]，可实现近似人工的新闻标题自动生成；美国德雷塞尔大学陈超美教授团队基于文献计量学原理设计可视化分析工具 CiteSpace，生成面向文献数据的图表类总结信息；基于学术出版商施普林格·自然、歌德大学合作开发的 AI 算法——Beta Writer——生成的综述书籍《锂离子电池：机器生成的前沿研究摘要》（*Lithium-Ion Batteries: A Machine-Generated Summary of Current Research*）[3]。然而，受限于模型及技术发展，现有的综述类研究在海量科技文献多维度揭示方面有诸多局限，且存在综述生成质量不稳定、主题结构不清晰、处理范围受限制、应用效果不理想等问题。随着计算时代的来临，知识内容逐步走向关联化和智能化，科研综述越发多元化、语义化，揭示科技文献潜在主题与专题知识层级体系的结构化科研综述或将成为未来综述的主要形式之一。因此，亟须开展结合科技文献外部特征与主题语义元素的多维度科研综述研究，生成特定研究专题的结构化侧写图谱，提升科技文献的全景可见性，助力知识发现。

知识图谱——一种可计算的关联关系机制——正在成为新的主流知识表示形式，在复杂数据的关系表达及知识推理揭示上展现出友好特性并具备强大的语义处理能力和开放组织能力。知识图谱本质上是用相互关联的节点和边表示知识的语义网络[4]，有着语义网、人工智能和自然语言处理多方面的技术基因，在此前提下形成的从数据获取、知识抽取、关系解析到图谱构建的知识图谱机制，可支持语义检索、关联发现、路径寻优、智能问答各种智能知识服务。同时，为了充分体现科技文献的知识价值、科学全面地定义文献基本特征，学术出版也逐渐从外部特征和语义特征两个维度揭示主题内容：外部特征即篇名、作者、机构、摘要、关键词、期、卷、出版商、参考文献等文献基本题录项的描述信息；语义特征则为表达文献中心思想及组成文献主题的各类语义元素，是具有逻辑关联的知识单位的组成部分，表现形式不一，可以是以假设、观点、事实、结论等科学陈述为基本形式的陈述型元素，也可以是以图片、表格、实验结果、基础数据等为代表的多模态数据型元素[5]。以特定专题相关的科技文献为研究对象，基于知识图谱等语义技术构建全面揭示专题范围内科技文献外部特征、语义特征的科研综述，不仅可以实现以科技文献为载体的多源异构学术资源的深度融合，还可以改进传统综述形式并提高其语义结构化和可计算能力，助推文本或图表"浅"综述向富含语义的图谱"深"综述转型。

自动综述现阶段的处理范畴与表示对象主要是文档数据和引文信息，其发展路径基本与每一波技术浪潮同步，经历了从简单到复杂、个体到联系、表层到深层的过程。面向文档数据的文本自动综述研究中，简单统计[6-8]、利用外部资源方法[9]、机器学习方法等都是典型的表层方法，语言网络方法的引入，不仅为分析句子间的统计关系提供了有力工具，还为表现和分析语言句法、语义、话语关系提供了支撑，连接了表层方法和深层方法，使得对文本的分析能够进一步深入。深度学习方法则对局部或全文上下文的多维特征进行编码，使得文本的上下文特征、句法特征、语义特征都可计算[10,11]。迄今为止，文本自动综述依赖复杂的自然语言理解和生成技术支持，应用领域受限，仍处于理论方法及模型设计阶段，离大规模应用实践存在距离。基于引文信息的综述研究侧重成果量化统计、合作关系挖掘、关键词共现或聚类等信息，主要任务是通过图形展示形式绘制特定范围文献的关联关系，角度相对全面但主题挖掘深度欠缺。

近年来，辅助综述（Aided Summarization）的概念被提出，指通过合并机器学习、文本挖掘和信息检索的结果来改善自动综述效果，这一定义使得传统的自动综述向稍有不同的概念迈出明显的一步，无论是技术方法还是展示形式都有更多的可能性。文献调研过程显示，早在 2001 年就有这一概念的雏形——NewsInEssence（NIE）——密西根大学的研究项目，NIE 以新闻素材为主要研究对象，实现用户驱动的文章、主题跟踪及多文档摘要的聚类，且集群中的每个文档均会显示标题、来源、出版日期和原始 URL[12]。目前辅助综述相关研究实践相对较少，比较相似的有 Peak Labs 研发的基于机器学习的信息抽取和检索系统 Mag[i]，支持任何领域自然语言文本中的知识抽取并提供高度聚合的结构化知识结果。图 5-1 展示了 Mag[i] 界面，当输入"人工智能"这一查询后，返回结果包括实体、属性、标签、近义项等模块的结构化信息，且任一关键信息都可链接到对应的综述页面。Mag[i]的主要处理对象是通用的网络信息，数据源多为百科栏目和垂直领域数据库，未涉及特定研究领域。

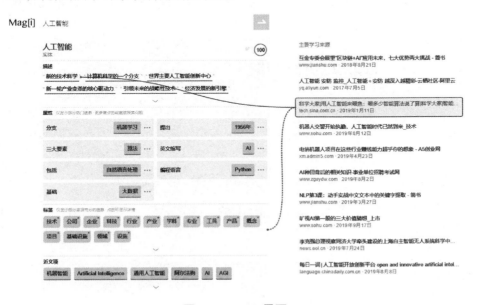

图 5-1　Mag[i]界面

5.1.1 科研综述的内涵

科研综述通常是指基于一段时间内公开发表的文献资料进行分析、研究、归纳后产生的情报研究成果，是针对特定专题或问题领域在一个时期内的发展现状、技术水平及未来趋势的综合性叙述，需对该领域重点研究脉络进行整理归纳，力求从不同维度全面、系统地揭示科技主题。科研综述是集科学研究、情报研究于一体的科研成果，既传统又前沿，是近年来学术界和工业界普遍关心的研究热点。

科研综述基本要素包括：明确的主题和时间范围，特定主题和时间范围内收集到公开发布的相关文献或数据，利用一定的工具或方法来系统化、结构化归纳总结。从服务形式来看，科研综述的结果呈现主要分为述评和文献综述两种，其中，述评通常要求作者具备一定的知识储备，可以理解和分析文献内容，多由领域资深专家进行，文献综述则以计量分析类论文为主，基于可视化分析工具生成一定的图表并加以人工描述和总结。本节中基于知识图谱生成的科研综述充分融合专题数据和文献数据，内涵和表示形式都更为丰富，既揭示专题核心知识及其关系，又分析文献脉络及科研主体，既包括用户可交互的结构化知识导航图，也有以自然语言描述核心内容的综述文档。

5.1.2 科研综述相关研究

从数据对象、技术路径和表现形式的角度来看，目前主流的科研综述自动生成研究主要有面向文档数据的文本自动综述和基于文献数据的图表综述生成两种类型，但随着计算技术的发展及科研用户需求的提升，广义的综述在核心方法和展示形式上正在朝多元化方向发展。

1. 面向文档数据的文本自动综述方法

文本综述也称文本自动摘要（Automatic Summarization），最早的研究可追溯至 20 世纪 50 年代 Luhn 提出的自动文摘系统[7]，指基于计算机技术从单个或多个文档中提取生成可表达原始文档主要信息的短文本[13,14]，可处理多种格式类型的文档，不限于科技文献，主要有抽取式（Extractive）

和抽象式（Abstractive）两种基本方法，前者是从原文中提取关键词、短语或句子来构建摘要或综述，后者则是通过学习文档内部语言表述特征生成更接近人类语言习惯的总结，从而解释原文意图。

抽取式文本自动综述的主要任务是找到文档中最重要的词或句子进行排序组合，代表性算法有：①基于词频、位置等信息的统计方法；②基于图模型的方法，如 TextRank[15]；③基于主题模型挖掘潜在语义的方法，如文档主题生成模型 LDA[16]；④基于路线规划寻全局最优解的方法。相对来说，抽取式文本自动综述对多语种、多领域和文档风格表现出良好的适应性，是目前主流的文本综述方式，多应用于英文新闻摘要生成。抽象式文本自动综述有基于树、模板、规则、图等的结构化方法及基于多模态语义模型、信息项、语义文本表示等的语义方法，多依赖自然语言理解和生成等机器学习技术，目前研究效果并不理想，实用性较差，未有突破性进展。

总体而言，文本自动摘要或综述质量并不稳定，处理对象多为单文档，效率有所限制，内容的全面性及连贯性较差，目前仍处于理论方法及模型设计阶段，少有的规模化应用实例均是面向新闻领域，相关研究仍有待进一步深入。

2. 基于文献数据的图表综述生成方法

基于文献数据的综述生成，即文献综述（Literature Review）也是科研综述研究的一个重要方向，其研究基础是论文引用关系网络，通常基于文献计量学原理及可视化分析工具对选定范围的文献信息进行分析挖掘，生成包含发文量统计、作者机构合作图、关键词共现图、关键词聚类图、关键词突现图等信息的图表，建立知识地图、揭示主题分布、发现核心文献、跟踪知识演变，图形展示能力强、分析角度更加全面。面向文献数据的常用公益类可视化分析软件有美国德雷塞尔大学计算机与情报学研究所研发的 CiteSpace[17]及荷兰莱顿大学科技研究中心推出的 VOSviewer[18]，商业类分析工具有 Elsevier 的 SciVal[19]、Clarivate Analytics 的 Incites 和 ESI等。但是，文献计量学计算及其可视化往往缺乏对主题聚类内涵的深入解读及重要文献的细粒度剖析，图表表达结果相对浅显。近年来，部分研究者将文献分析工具及综述文本模板结合，基于一定的自然语言处理和系统开发技术实现文献综述报告的快速、自动生成，相关应用将在下一节中进行介绍。

3．科研综述相关工具对比与分析

常用科研综述工具的比较分析如表 5-1 所示，总体来讲，文本类综述工具尤其是单文档类型成果相对丰富，针对简单对象的处理效果更佳，其中抽取式的生成方式在一定程度上保证了结果文本内容的语法结构。支持多文档的文本综述代表工具有哥伦比亚大学于 1995 年研发的面向新闻文章的 SMMONS[20]——一种基于传统语言生成的系统架构[21]，其主要工作原理是采用可用的在线语料库作为模型生成可信、可理解的综述，具体来说，从收集的语料库中手工提取几百种与预计生成的总结类型相关的语言结构，并手动将文章分组到与单个事件或一系列类似事件相关的线程中。文献综述类工具代表有商业类 aiReview、百度学术开题助手，前者支持基于 CNKI、Web of Sciene 论文或德温特专利数据生成综述报告，生成的主题图宏观且静态，挖掘深度有限，无法揭示细粒主题及其变化，后者是面向关键词检索提供研究走势、关联研究等核心知识点分析，准确性和广泛性有所欠缺，尤其是对国外数据库的搜索分析能力有待提升。

表 5-1　常用科研综述工具的比较分析

工具名称	综述类型	功能/特点
Text Compactor	支持单文档输入的文本综述	基于 Open Text Summarizer 开发的抽取式文本综述工具，按词频打分，计算每个句子的得分，用户可根据需求调节文本压缩率，仅支持文本输入
RESOOMER	支持单文档输入的文本综述	支持文本和在线论文的输入，提供四种文本综述模型：Automatic（自动计算，计算结果显示压缩率）、Mannual（手选压缩率 10%~90%）、Optimized（提取关键词+摘要）、Analyze（基于 Optimized 模式的重点高亮）
Summarizer	支持单文档输入的文本综述	通过抽取关键词的方式提供实时结果
SMMRY	支持单文档输入的文本综述	可提供 API，支持 TXT 和 PDF 两种文本格式。基本原理：基于核心算法的句子重要性排序→通过选择关键字，重新组织摘要以集中于某个主题→去除过渡短语→删除不必要的条款→消除过渡的例子

（续表）

工具名称	综述类型	功能/特点
SUMMONS	支持多文档输入的文本综述	基于摘要语料库实现，由两部分组成：决定采用输入模板中哪些内容的内容规划器（Content Planner）及确定综述短语和表层句法形式的语言组件（Linguistic Component）
aiReview	文献综述	基于文献计量学的文献综述生成，支持 CNKI、DII、SCI 数据源
百度学术开题助手	文献综述	领域可视化分析工具，通过主题词检索的方式返回词解释、研究走势、关联研究、学科渗透及经典论文推荐等结果

4．科研综述与知识图谱结合的可行性分析

科研综述研究进程与每一波信息技术浪潮息息相关，目前，广义的综述在核心方法和展示形式上呈现多元化特征，除主流的文本、文献两种综述类型外，还有其他类似综述系统，如主题聚类工具——NewsInEssence（NIE），它的主要对象是由许多新闻文章组成的集群，使用基于质心方法的句子排序程序及设定的压缩率自动预配置摘要，也支持用户使用自定义的输入参数创建群集摘要，最终实现用户驱动的文章聚类、主题跟踪和多文档摘要[12]。基于文献引文信息的领域调研工具 Connected Paper，通过主题词检索到相关文献或者添加文献标题、DOI、URL 检索的方式选取几十篇与原始论文联系最紧密的论文生成图，图中论文基于共同引用和书目耦合概念度量的相似度排序，可以快速厘清领域内重要论文及论文关系，既可查看所选文章之前的一些工作及衍生出来的相关研究，也能展示受图中论文观点激励产生的调查或研究论文。AMiner 的论文演变工具溯源树 MRT，基于论文语义特征、结构特征的提取及半监督学习聚类算法对检索论文的引用关系进行自动分类，通过引用关系检索、论文抽取与阅读、构建引用关系树图、论文互相作用推理四步计算生成论文演变轨迹。工业界的知识引擎 Mag[i]可看作融合专题知识模型和基础语料资源的多维综述形态雏形，它可以提供面向自然语言、关键词和表达式查询的结构化知识搜索结果，并附上来源链接和可信度评分，主要语料来源是互联网网页。

上述诸多研究实践相较于传统的科研综述，无论是技术方法还是展示形式都更为丰富。结构化特征，即科技文献的潜在主题挖掘与层级结构体现或将成为未来科研综述发展的主要特点之一。知识图谱通过具有复杂拓扑结构的图模型来组织和记录事物，易于计算机处理，在知识表示与组织方面表现出色。从数据维度上看，知识图谱的语义规范性和链接思想将原本非结构、无关联的粗糙数据逐步提炼组织为结构化、强关联的高质知识。科技论文等文献资源与知识图谱的联合研究由来已久，如学术出版机构结合语义技术对各类数据资源进行语义组织并提供关联数据发布、语义检索等知识服务，信息服务机构利用知识图谱技术构建资源知识体系，打造专题服务。图遍历、社区发现、图排序等算法在机构合作谱系、学术研究热点、权威分析等方面取得突破性成果。

因此，基于两者的技术特征与联系，本节采用知识图谱技术对科技文献结构及主题信息进行多维度组织与揭示，并结合图计算等关键技术支撑科研综述生成。

5.2　科研综述设计思路与技术需求

从国内外科研综述相关调研分析可知，现有综述类研究存在大规模数据资源处理效率低、质量不稳定、知识挖掘深度不够、展示形式单一等若干问题，亟须探索新的技术路径，从底层资源的多元化、语义化，到支撑机制——突破，构建全面的、系统的结构化领域态势发展分析图谱，提升科技文献、专题数据等科技信息资源的全景可见性。

科研综述的生成需要明确主要服务场景与形式，紧密结合科技文献外部特征与主题语义元素，深层次挖掘揭示关键的、核心的科研内容，满足专家或科研新手等信息用户快速、广泛了解研究专题发展情况的实际需求。科研综述系统展示数据的过程本质上是基于知识图谱的内容及文献聚类两者的计算融合，高效完成这一过程涉及若干关键因素。其中，图谱数据质量是知识应用的基础保障，知识建模的科学性、系统性及实例数据的质量、相关性和细粒度直接关系到整个科研综述的全貌，这个因素主要涉及图谱构建研究，此处不再做单独评估与说明。总的来说，面向信息用户的服务场景应尽量满足直观、可操作性强、重点突出等特点，内容层面也要兼顾深度和广度，突破现有综述场景的局限性。例如，传统的自动科研综述通常是基于一定的科技文献资源或文档数据生成固定文本形式，虽然形式简洁易读但在文献溯源方面存在一定的弊端，假设信息用户想了解其中某些知识点及其来源文献，往往无法通过拿到的综述文档的形式直接查看。综合考虑用户需求及知识图谱计算特性，本书中科研综述引入用户交互功能，以关键词查询为触发机制进行综述展示场景设计，支持信息用户直观表达信息需求，明确的参数值、直观的视图工具及人性化的操作界面都是系统设计的重要因素。

5.2.1　多层次科研综述模型设计

科研综述是基于大规模文献及其他相关数据集中挖掘特定专题发展全景图的应用实践，根据分析目的的不同，科研综述揭示维度划分为三个层次：纵览研究专题、了解研究社区、专题知识关联的分析与展示，即从不同维度对大规模的科技文献及专题数据进行研究侧写[22]。

（1）纵览研究专题，是科研综述的基本需求，指从搜集的数据对象中挖掘描述综述专题对象的发展全貌，涉及研究背景、关键技术、发展脉络、阶段性热点等态势信息，传统文献综述中也有部分要素的表示，如技术主题分布与演化、技术生命周期、学科方向演化，而面向文档数据的文本综述或科研人员基于特定文献撰写发表的研究综述由于文献处理量的限制则更聚焦在部分知识点的深度分析上，且增加了较多的主观判断。

（2）了解研究社区，主要是从科研主体视角出发，如科研人员、科研机构，挖掘研究专题领域内外的信息互动与流向，揭示具有重要影响力的学科带头人、特定主题的高水平研究团队或机构，部分学术观点的研究人员价值链，通常用于指导前沿研究监测、学术合作交流等。

（3）专题知识关联的分析与展示，是科研综述最深层次的知识挖掘，需要厘清专题内重要知识节点的关系网状图，描述专题范围内各主题间的内在联系，并结合科技文献数据进行实体链接，这是现有综述研究中尚未涉及的形式，究其原因，现有综述研究采用的技术路径普遍存在专题知识挖掘深度不够，或与科技文献关联不够导致的价值割裂等问题。

显然，在基础数据学科范围及时间跨度较大的情况下，也可衍生跨主题甚至跨领域的知识发现，这是极有价值也是更为困难的研究。

5.2.2 科研综述应用服务场景

科研综述的研究目标是提高信息用户在合理时间内获取相关研究专题知识的效率，也可为科研新手提供快速阅览入门陌生专题的途径，其应用形态是直接面向用户提供满足信息需求的知识内容，需综合考虑信息用户对内容、类型、质量及数量各方面的需求与处理能力，其中，内容、类型、质量依赖知识图谱的科学性及科研综述模型层次设计的合理性，数量上应保持适度，保证用户可以有效吸收消化，真正解决"知识过载"问题。本书基于广泛的综述研究调研分析、作者所在研究团队长期的知识服务实践经验及访问交谈信息用户对象的反馈，力求设计实现多元化的、适用不同研究场景或环境的科研综述，结果形式分为两种：可交互的结构化综述图、可预览下载的综述文档。

1）可交互的结构化综述图

可交互的结构化综述图的原理是基于底层数据逻辑设计结构化知识导航，既可为信息用户展示专题及文献资源全貌，又可为其提供链接互动功能。信息用户在相关专题综述图内，可通过点击链接跳转的方式对感兴趣的主题/知识点进行定向阅读与了解，系统及时响应生成该兴趣点的结构化综述图，也可查阅单篇重要文献、了解高影响力科研人员及高产研究团队等。

2）可预览下载的综述文档

文本格式是科研综述服务的主流形式，无论是基于可视化分析工具的文献综述，还是科研人员通过阅读分析相关学术资源撰写的研究综述，最终都是形成具有一定章节结构的综述文档，这种形式更利于线下阅读与存储，也可作为科研人员在该专题研究方向上的重要文献依据，能更加便捷地为科研人员提供知识服务。本书的综述文档主要基于结构化知识图生成，由自然语言描述和章节组成，囊括专题科研综述的全部核心内容。综述文档的实现需要借助一定的文档处理技术并根据实际场景定制生成模板，具体的模板调研与设计将在 5.4.1 节详细介绍。

5.2.3　基于图算法的接口支撑策略

如前所述，本书设计的科研综述场景是面向关键词查询生成多层次、结构化的综述图及以此为基础的综述文档，科研综述系统的数据流是以图数据库 Neo4j 提供的数据访问接口（Neo4j Cypher Java API）及数据为基础，需要结合图谱数据特点及图谱数据语义，定义语义查询和推理的参数配置规则，通过图算法调度图谱节点、边生成查询计算的结果图，使得顶层使用编程接口获取并操作结果图数据。Neo4j 以声明式查询语言查询和建模图谱数据，支持特定模式子网的高效查询，知识图谱上关键词查询/检索的基本原理是采用子图定位策略，需要建立有效的关键词和知识图谱子图索引，针对涉及多类型实体及属性的复杂语义查询通常需要将关键词转化为结构化查询，主要包含两个关键环节：

（1）关键词的映射。科研综述场景中的查询关键词直接默认为知识图谱上的主题类实体，但用户输入的关键词与图谱上的实体可能存在语义鸿沟，如单复数、全称和简称、别名等情况，需要将关键词映射到知识图谱上的实体，实现检索内容的快速定位。支撑这一映射则需要基于图数据库构建关键词及知识图谱实体、边的索引。

（2）结构化查询生成。继上一环节之后，查询实体已确认，需基于科研综述场景中的展示维度及知识图谱中实体和关系的扩展生成局部的知识子图，得到结构化查询需要的查询图。科研综述情境下，可在图数据库接口中预先定义子图的主实体类型，与语义检索相比，此处的结构化查询不生成多个局部子图选项，因此不涉及基于相似度或实体拓扑分布等指标的子图得分排序。

科研综述系统前端展示维度（功能导航）及图数据字段对照规则说明如表 5-2 所示，具体实现将在 5.5 节中介绍。

表 5-2　科研综述系统前端展示维度（功能导航）及图数据字段对照规则说明

前端展示维度		图数据字段	参与计算的属性
通过关键词检索获取主题知识	是……的分支	scikg_subject	scikg_isKindOf
	常用技术	scikg_subject	scikg_useTechnique
	学习范式	scikg_subject	scikg_learningParadigm
	所属学科	scikg_subject	scikg_multidispineOf
	应用于	scikg_subject	scikg_aimAt
重要文献		scikg_article scikg_subject scikg_author	scikg_importantDegree dc_title
有影响力的领域专家		scikg_author	scikg:hIndex
指定时间内主题词频		scikg_subject	dc_date dc_title
指定时间内 top *n* 文章		scikg_article	dc:date scikg_importantDegree scikg_background scikg_objective scikg_methods scikg_result scikg_conclusion scikg_hasAuthor bibo:doi scikg_fullName

5.3　知识计算在科研综述中的支撑应用

　　知识图谱赋予信息明确的结构和语义，使其既可以显性化展示，也可以被计算机理解和处理，知识图谱应用支撑的主要方式是知识计算。在科研综述形式及数据流策略已制定的前提下，基于知识图谱的挖掘计算与分析是支撑科研综述实现的关键技术环节。面向主题词查询的科研综述生成主要解决两个问题：面向查询的语义解析与实例匹配、基于子图结构的实体及关系聚类。

5.3.1　面向查询的语义解析与实例匹配

面向查询的科研综述生成主要意图是引入用户交互机制，这个过程涉及用户需求表示、底层数据模式及匹配技术等多方面因素，知识图谱内在的结构和语义关联允许复杂而精准的查询。显然，这种方式只需要信息用户对即将生成综述的专题有基本的了解即可，能满足大部分普通用户的使用场景需求。如上文所述，关键词的语义查询核心在于从关键词到知识图谱上实体的映射，进而生成结构化查询语句。对于输入的检索词，首先与主题类实体进行语义匹配，主要包括同义扩展、单复数、大小写、简称全称、别名，并基于匹配上的实体得到其他实体和边的集合。以"machine learning"为例，面向查询的语义解析与实例匹配示意图如图 5-2 所示。

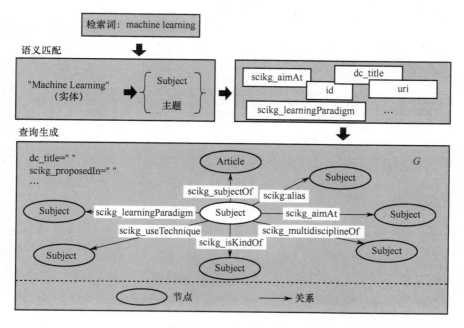

图 5-2　面向查询的语义解析与实例匹配示意图

关键词检索发现知识图谱中和其对应的主题实例节点"machine learning"，获取该实体的所有关系和属性，结合科研综述系统前端展示维度与知识图谱数据字段的对照规则，生成结构化查询图，由科研图谱中与主题类有相关关系的科技论文类、主题类在主题模型中的关系节点组成，这一类查询得到的是具备可解释性的准确结果，同时兼顾查询的精度和效率。整个过程需要一定的线下预备工作，即建立用于"实体—实体"指称的词典。针对关键词的拼写正确与否问题，可设定可接受范围的阈值进行校验和匹配。

5.3.2 基于子图结构的实体及关系聚类

以上实现了基于主题词的结构化查询生成，还需结合 Neo4j 接口进行图数据库操作，主要是子图的生成及以之为基础的查询结果生成与获取。Neo4j 支持 URI 的解析，面向计算机返回相应字段及代码片段，URI 解析样例如图 5-3 所示，URI 可解析出 scikg_jif、scikg_city、dc_title 等字段信息。

图 5-3　URI 解析样例

基于子图结构的实体及关系聚类流程示意图如图 5-4 所示。基于子图结构获取 baseURL，接口的设计中涉及跳转及路径方面的问题，baseURL 表示包含相关节点、关系（边）及属性的默认地址，如 5.3.1 节中检索词 machine learning 获取的主题 URL 及常用技术 URL，baseURL 结构化数据获取格式如图 5-5 所示，包含 scikg_aimAt、dc_title、uri、scikg_abbr 等。即根据前端待展示的维度调度图谱数据中的节点和边，获取相关实体及属性值，通过接口获取聚类的、可操作的数据并进行对应封装与输出，包括专题信息和文献信息。

获取baseURL

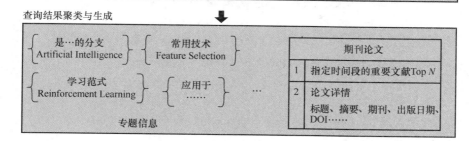

{"results":[{columns":["n"],"data":[{"row":[{"边属性":"节点","节点属性":"属性值","uri":"实体对象URI",…}],"meta":[{"id":3793,"type":"node","deleted":fa;se}]},{"row":[{"边属性":"Lifelong节点,"uri":"实体对象URI"}],…,errors:[]}

查询结果聚类与生成

图 5-4　基于子图结构的实体及关系聚类流程示意图

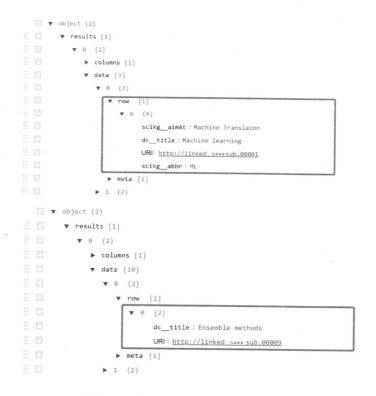

图 5-5　baseURL 结构化数据获取格式

5.4　结合知识图谱和 POI 的综述文档生成

5.4.1　科研综述文档模板调研与设计

　　科研综述是针对特定专题基于给定时间内文献资源及其他数据进行分析研究归纳后产生的综合性描述，力求多角度、系统地揭示科技主题，因此具备全面性、综合性、重点突出、主题或内容层面体现变化等特征。

　　遵循科研综述模型设计总体思路，本节重点调研分析了图书情报工作、数据分析与知识发现等若干中文核心期刊中综述述评或文献计量分析类科技论文，以及 aiReview 在线生成的文献调研报告，为科研综述文档设计提供参考。其中，各期刊中综述论文多是作者基于自身阅读撰写的研究综述或述评，受限于人工处理效率，涉及文献规模较小，主体素材一般为数十篇，主题相对集中，聚焦在特定方法或特定技术发展、应用方面的研究，因此论文主体结构在遵从期刊出版社格式规范的前提下粒度较细，客观反映与主观评价兼而有之。文献计量分析类论文文献处理规模则可达千篇级，侧重文献和主题的定量分析，论文主体结构相对统一。文献调研报告的结构和描述语言则更为简洁，聚焦主题、学科方向的分布演化及作者机构的合作竞争关系等，多围绕图表等宏观、静态的可视化分析结果进行说明。

　　总体来看，科研综述文档的内容和形式比较灵活，基本结构需阐述如下内容：

　　（1）综述的意义、方法和结论。

　　（2）概念和文献范围的定义。

　　（3）内容评述。

　　（4）参考文献。

　　相应的述评方式有按文献发表时间依次描述和评价（时间顺序法）、按理论体系对专题领域进行划分式描述和评价（主题分类法），以及按理论、技术、应用角度进行描述评价（类型分类法）。

　　结合科研综述文档相关调研结果及以知识图谱为语料支撑的科研综述结构化特征，设计的"科研综述文档主体内容结构"如表 5-3 所示，包括标题、摘要、章节、参考文献四大部分。其中，标题以"专题名+科研综述"的方式表示；摘要包含[目的/意义][方法/过程][结果/结论]，介绍综述的意义及内容；章节部分梳理了五个基本组成，包括文献数据源、专题知识结构、主题演化分析、重要文献发展脉络及高影响力作者推荐；参考文献则挑选出科研综述中涉及的文献证据。以上为设计的科研综述文档基本模板，实际应用时可根据领域特征及分析的侧重点定制。

表 5-3　科研综述文档主体内容结构

主体结构	内容描述
标题	××科研综述
摘要	[目的/意义]梳理和总结××的相关研究，为相关专题科研人员提供参考。[方法/过程]以××为主要数据源，应用知识图谱及相关技术对专题知识及文献资源进行多角度分析。[结果/结论]××—××年，××研究取得了很大的进展，各时间段的研究点不断在变迁
章节	1．文献数据源 2．专题知识结构：中文名称、英文名称、涉及学科、学习范式、常用技术、应用场景 3．主题演化分析：周期性高频主题词分布与演化 4．重要文献发展脉络：最有价值文献、重要文献发展河流图 5．高影响力作者推荐
参考文献	科研综述中涉及的文献证据

5.4.2　知识图谱与 POI 的匹配与协同

　　科研综述文档生成的主要原理是将知识图谱的实体及关系对应插入综述模板中，因此知识图谱与相应系统软件或工具组件的匹配协同是应用实现的重要环节。本书基于科研综述文档功能需求及科研综述系统实现的开发环境选择了 Apache 软件基金会的开源工具 POI（Poor Obfuscation Implementation），它的主要用途是文本提取，可以给 Java 程序提供开放接口，实现 Microsoft Office 文档的读写功能，其中 HWPF 和 XWPF 端口分别用于处理.doc 和.docx 格式的 Word 文档。

HWPF 处理 Word 文档的过程相当于文本缓冲，HWPF API 提供文档部分的"指针"（pointers），如章节、段落和表格、字符等，开发人员需要通过 Java 程序的方式将内容迭代进文档主体部分。知识图谱与 POI 的匹配协同是通过调用图数据库 Neo4j 接口及 POI 接口实现的，以标题的生成为例，POI 通过接口读取图数据库中面向关键词查询语义匹配得到的主题实例并书写至 Word 文档模板中指定的标题位置，其他部分的实现原理也基本相似。

5.5　基于知识图谱的科研综述体系架构

基于知识图谱的科研综述本质上是融合专题知识和文献数据的知识应用，解决的是结构化数据有效组织和快速识别聚类的问题，需要紧密结合业务需求、应用形态、数据资源和服务场景。本节主要介绍基于知识图谱的科研综述体系架构设计，并构建原型系统进行技术验证。

5.5.1　科研综述生成体系架构设计

基于知识图谱的科研综述生成体系架构如图 5-6 所示，主要分为四层：自底向上依次为数据资源层、图谱构建层、图谱存储层及综述应用层。

1．数据资源层

数据资源层为专题知识图谱的构建提供相关基础语料，包括期刊论文、期刊、科技机构、科研人员和主题数据，目前的工具体系可以支持 RDF 数据和非 RDF 数据的获取与存储。RDF 图数据可以通过页面下载的开放学术资源（关联数据）获取，也可以通过 SPARQL 查询的方式从 SPARQL 端点获取。非 RDF 数据主要是指关系型数据、文件数据（CSV、XML、Excel 等）和非关系型数据（NoSQL）的学术资源，可基于一定的检索策略从主流的学术信息数据库，如 Web of Science、PubMed 等下载获取，为保证数据的完整性、质量及后续展示的细粒度，通常需要对数据进行实体（科研机构、科研人员）消歧、文献重要度计算、文献主题标引、摘要语步分类与识别等预处理。

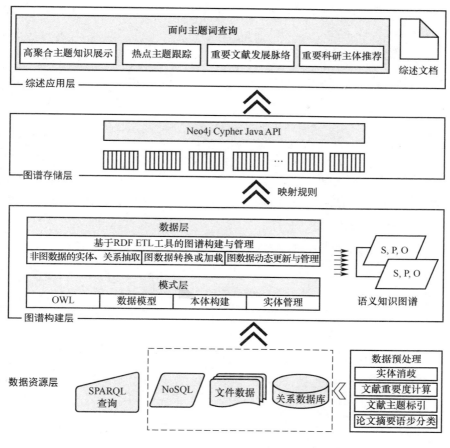

图 5-6　基于知识图谱的科研综述生成体系架构

2. 图谱构建层

图谱构建层是知识图谱模式层、数据层生成的技术/工具/算法支撑层。知识图谱模式层的构建主要是基于专题语料知识分析设计实体类型及相应的数据模型，并综合应用本体编辑工具 Protégé、OWL 和 SKOS 建模语言进行知识建模与实体管理。关于知识图谱数据层的构建，第 4 章设计了基于 RDF ETL 工具的实体关系抽取、图数据转换与加载、图数据动态更新与管理方案，基于开源 ETL 工具 Kettle 设计的 RDF ETL 工具插件集支持非 RDF 数据的图谱化及 RDF 图数据的格式转换，即语义知识图谱的生成，并在一定程度上与数据资源层的数据预处理打通，体现了整个技术体系的系统性与统一性。

3．图谱存储层

图谱存储层采用原生数据库 Neo4j 及其技术体系把图谱和应用衔接起来，使用物理存储模型对语义图数据进行管理并为上层提供具体数据操作内容（如节点、边、邻居节点等）的数据访问接口——Neo4j Cypher Java API——支持 Neo4j CQL 命令，需要结合 Eclipse IDE 中开发的 Java 应用程序。该层支持图数据的导入、导出、增删改查等操作，接口封装规则依实际应用场景设计。其中最为关键的技术环节是，基于 Schema 及数据映射规则实现 RDF 图到属性图的转换，以适应 Neo4j 的查询机制。Neo4j 的图属性模型存储方案，使得其对图数据的存储效率优于面向 RDF 三元组的数据库及关系型数据库。面向查询的语义解析与实例匹配、基于子图结构的实体及关系聚类等知识计算可为科研综述的实现提供技术支撑。

4．综述应用层

综述应用层负责基于知识图谱的科研综述生成与应用实现。图谱存储层提供了通用的图数据访问接口，支持通过抽象概念来构建查询和计算过程，综述应用层则根据前端场景设计制定图数据接口封装规则，获取面向主题词查询的科研综述结果并支撑多元化展示应用，主要包括高聚合主题知识展示、热点主题跟踪、重要文献发展脉络、重要科研主体推荐等综合服务，同时可结合知识图谱和 Apache POI 实现科研综述文档的生成，包含标题、摘要和章节、参考文献等知识结构，为信息用户提供便捷的在线预览和下载服务。

5.5.2　专题科研知识图谱构建

前面的研究中已经形成从自科研本体建模、实例层构建、图数据模型转换到存储管理的全流程科研知识图谱构建技术路径，本节将遴选特定领域专题做相关实践示范，构建融合专题知识和文献资源的专题科研知识图谱，为科研综述的生成提供数据基础。

1．多来源专题及文献语料的遴选与加工

在科研综述的数据源方面，要充分考虑数据源类型及可获取数据的权限，通常是根据分析专题的特征及目的选择合适的文献数据库，如基础研究文献覆盖最全的 Web of Science、包含医学领域前沿文献的 MEDLINE 或者工程学科文献数据库 Ei Compendex，但单一的数据源难以满足科研综述知识覆盖的全面性的要求，随着 Web 内容抽取等技术的发展，网络结构化信息也逐渐发展为来源补充。获取数据的质量和权限直接影响科研综述的结果质量，由于人工标注数据集的方式成本高且规模有限，因此本节面向研究任务需求遴选了高质量开放数据集并辅以人工补充，主要包括专题数据和科技论文数据两部分。

1）专题数据

经过广泛的调研分析，选择了从 AMiner 提取的结构化实体网络——AMiner 开放数据集"Knowledge Graph for Machine Learning"，以机器学习专题为主，并根据设计的主题数据模型规范对其进行修改补充，主要数据补充来源为百科及其他文献等，最终生成实例节点 100 个，支持图谱构建时通过定义的若干对象属性实现 URI 的内部链接。同时，将节点的名称（术语名）、别名等整合构建主题词表，作为科技论文主题标引的词典（标注语料库）。

2）科技论文数据

科技论文数据集涉及论文、期刊（或会议）、科研人员、科研机构四类实体类型，从可获得性和数据规范等角度综合考虑，以 Web of Science 核心合集为文献来源，主要获取方式是：结合主题词构建检索式"TS=Machine Learning"进行检索，时间区间设定为 2010—2021 年，选定英文语种、期刊论文类型，以相关性排序为主，针对检索结果进行人工审核，最终选取并导出 2776 篇期刊论文全纪录作为科研知识图谱数据来源，包括标题、摘要、关键词、作者列表、地址、期刊等信息。此外，通过人工方式补充机构名、作者 record_id、h-index、总发文量、总被引频次、期刊影响因子（2019 年）、期刊五年影响因子等字段信息，构建以实体类型为主的关系型

数据库表，并进行相应的数据预处理，如机构和人名消歧、文献重要度计算、主题标引与关联、摘要语步识别分类。以篇为单位基于整合的专题术语词典进行主题词对比匹配，构建专题数据表与期刊论文数据表的映射关系。例如，某篇期刊论文关键词为 Electromyography、Supervised learning、Clustering algorithms、Electrodes，主题标引命中 Supervised learning 及 Clustering 两个主题词即可将其添加在期刊论文数据表的主题字段中，使得后续知识图谱构建中将这篇文献通过对象属性 scikg:about 关联到这两个主题实例的 URI。

2. 机器学习专题科研知识图谱的构建

机器学习专题科研图谱的生成采用 RDF ETL 工具中的 RDFZier 插件完成。以英文期刊论文表的图谱化为例，字段映射配置界面和数据处理流程分别如图 5-7 和图 5-8 所示，转换生成语义知识图谱，即 RDF 数据格式图谱。

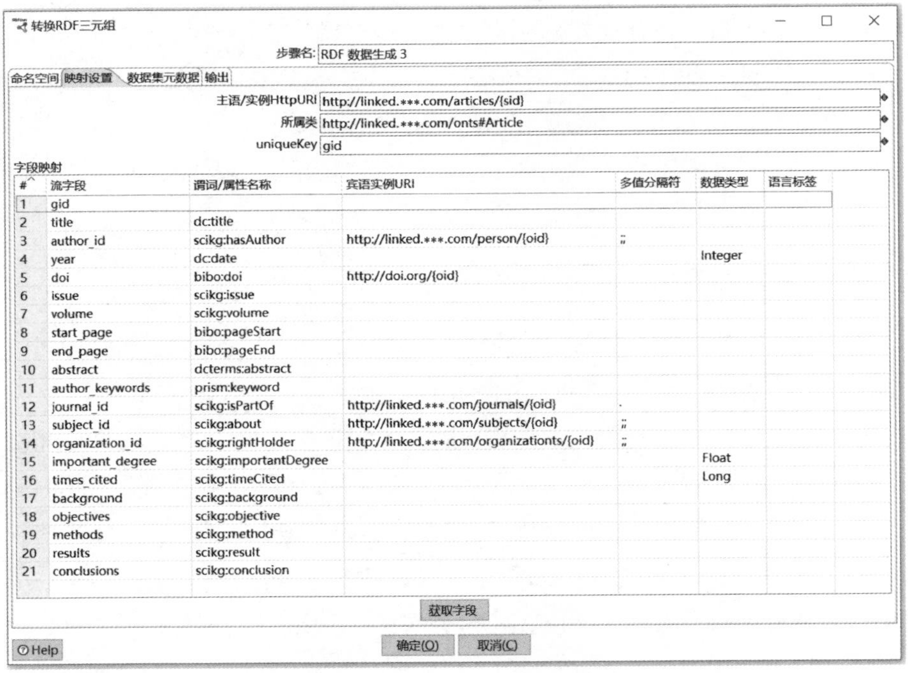

#	流字段	谓词/属性名称	宾语实例URI	多值分隔符	数据类型	语言标签
1	gid					
2	title	dc:title				
3	author_id	scikg:hasAuthor	http://linked.***.com/person/{oid}	;;		
4	year	dc:date			Integer	
5	doi	bibo:doi	http://doi.org/{oid}			
6	issue	scikg:issue				
7	volume	scikg:volume				
8	start_page	bibo:pageStart				
9	end_page	bibo:pageEnd				
10	abstract	dcterms:abstract				
11	author_keywords	prism:keyword				
12	journal_id	scikg:isPartOf	http://linked.***.com/journals/{oid}			
13	subject_id	scikg:about	http://linked.***.com/subjects/{oid}	;;		
14	organization_id	scikg:rightHolder	http://linked.***.com/organizationts/{oid}	;;		
15	important_degree	scikg:importantDegree			Float	
16	times_cited	scikg:timeCited			Long	
17	background	scikg:background				
18	objectives	scikg:objective				
19	methods	scikg:method				
20	results	scikg:result				
21	conclusions	scikg:conclusion				

图 5-7　字段映射配置界面

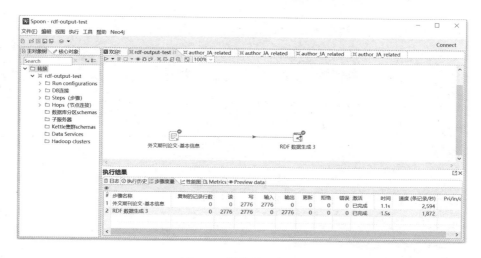

图 5-8　数据处理流程

以此种方式构建的科研图谱分别按实体类型以 N-Triples 的数据文件形式存储于本地，构建的机器学习专题科研知识图谱的数据记录如表 5-4 所示，共 133471 个三元组。

表 5-4　构建的机器学习专题科研知识图谱的数据记录

数据类型	数据量/条	生成的 RDF 三元组数量/个
期刊论文	2776	61017
期刊	955	10245
科研人员	10827	46819
科研机构	4900	14700
主题	254	690

期刊论文 RDF/XML 格式文件样例代码如图 5-9 所示，<rdf:Description>…</rdf:Description>展示了标题为 "A Conditional Generative Model Based on Quantum Circuit and Classical Optimization" 期刊论文的全部信息，包括实体类型、作者、出版日期、所属期刊、DOI、期卷号、摘要语步、资源URI 等。

3．机器学习专题科研知识图谱管理与查询

语义知识图谱即 RDF 图谱数据的 Neo4j 存储过程本质上是 RDF 图向属性图的转化（RDF2PG），需在遵循图谱映射规则的前提下结合相应的工具

及函数实现，RDF 图谱数据的 Neo4j 存储与管理流程如图 5-10 所示。

```
2288  <rdf:Description rdf:about="http://linked.s***.com/articles/ja.00090">
2289      <rdf:type rdf:resource="http://linked.s***.com/onts#Article"/>
2290      <dc:title>A Conditional Generative Model Based on Quantum Circuit and
          Classical Optimization</dc:title>
2291      <scikg:hasAuthor rdf:resource="http://linked.s***.com/person/aut.00147"/>
2292      <scikg:hasAuthor rdf:resource="http://linked.s***.com/person/aut.00148"/>
2293      <scikg:hasAuthor rdf:resource="http://linked.s***.com/person/aut.00149"/>
2294      <scikg:hasAuthor rdf:resource="http://linked.s***.com/person/aut.00150"/>
2295      <scikg:hasAuthor rdf:resource="http://linked.s***.com/person/aut.00288"/>
2296      <dc:date rdf:datatype="http://www.w3.***/2001/XMLSchema#int">2019
          </dc:date>
2297      <bibo:doi rdf:resource="http://doi.***/10.1007/s10773-019-04005-x"/>
2298      <scikg:issue>4</scikg:issue>
2299      <scikg:volume>58</scikg:volume>
2300      <bibo:pageStart>1138</bibo:pageStart>
2301      <bibo:pageEnd>1149</bibo:pageEnd>
2302      <prism:keyword>Quantum generative model; Conditional generator; Quantum
          machine learning</prism:keyword>
2303      <scikg:isPartOf
          rdf:resource="http://linked.s***.com/journals/jou.00078"/>
2304      <scikg:about rdf:resource="http://linked.s*** .com/subjects/sub.00012"/>
2305      <scikg:rightHolder
          rdf:resource="http://linked.s***.com/organizationts/org.00092"/>
2306      <scikg:rightHolder
          rdf:resource="http://linked.s***.com/organizationts/org.00093"/>
2307      <scikg:rightHolder
          rdf:resource="http://linked.s***.com/organizationts/org.00094"/>
2308      <scikg:rightHolder
          rdf:resource="http://linked.s***.com/organizationts/org.00095"/>
2309      <scikg:rightHolder
          rdf:resource="http://linked.s***.com/organizationts/org.00174"/>
2310      <scikg:importantDegree
          rdf:datatype="http://www.w3.***/2001/XMLSchema#float">3.63
          </scikg:importantDegree>
2311      <scikg:timeCited rdf:datatype="http://www.w3.***/2001/XMLSchema#long">1
          </scikg:timeCited>
2312      <scikg:background>Generative model is an important branch of unsupervised
          learning techniques in machine learning.Current research shows that
          quantum circuits can be used to implement simple generative models.
          </scikg:background>
2313      <scikg:objective>In this paper, we train a quantum conditional generator,
          which can generate different probability distributions according to
          different input labels, i.e., different initial quantum states.
          </scikg:objective>
2314      <scikg:method>The model is evaluated with different datasets including
          chessboard images, and bars and stripes (BAS) images of 2 x 2 and 3 x 3
          pixels.</scikg:method>
2315      <scikg:result>We also improve the performance of the model by introducing
          a controlled-NOT (CNOT) layer.</scikg:result>
2316      <scikg:conclusion>The simulation results show that the CNOT layer can
          improve the performance, especially for the generative model with
          chain-connected entangling layers.</scikg:conclusion>
2317  </rdf:Description>
```

图 5-9 期刊论文 RDF/XML 格式文件样例代码

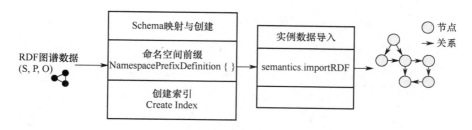

图 5-10　RDF 图谱数据的 Neo4j 存储与管理流程

1）Schema 映射与创建

Schema 映射与创建（初始图配置）包括命名空间前缀、索引创建两部分。科研本体设计时给出了继承和复用的词汇集或本体框架，包括 DCMI、Schema、PRISM 等，命名空间前缀创建指令使用 CREATE(:Namespace PrefixDefinition…})函数。

创建索引是指创建从 RDF 映射到 Neo4j 的标签，Neo4j CQL 提供的命令 CREATE INDEX 可支持创建节点或关系的属性索引，相应的语法为 CREATE INDEX ON: <label_name>(<property_name>)。科研知识图谱的存储过程需要创建 Resource、URI、BNode 和 Class 四类索引，以 Resource 为例的语法命令为：CREATE INDEX ON: Resource(uri)。

2）实例数据导入

初始图配置后，即可用 importRDF()命名依次导入各实体类型对应的 RDF 图数据文件，命令为 CALL semantics.importRDF("file:///本地文件位置/文件名","文件格式")。期刊论文 RDF 数据导入成功界面如图 5-11 所示，共包含 61017 个 RDF 三元组。

	"terminationStatus"	"triplesLoaded"	"triplesParsed"	"namespaces"		"extraInfo"	"configSummary"
	"OK"	61017	61017	{"http://www.w3.org/1999/02/22-rdf-syntax-ns#":"rdf","http://ns.nature.com/terms/":"npg","http://prismstandard.org/namespaces/basic/3.0/":"prism","http://schema.org/":"schema","http://www.w3.org/2000/01/rdf-schema#":"rdfs","http://purl.org/dc/elements/1.1/":"dc","http://purl.org/dc/terms/":"dcterms","http://www.w3.org/2002/07/owl#":"owl","http://www.w3.org/2000/01/rdf-schema#":"rdfs","http://www.w3.org/2004/02/skos/core#":"skos","http://purl.org/ontology/bibo/":"bibo","http://www.w3.org/ns/shacl#":"sh","http://linked.scikg.org/onts#":"scikg","http://www.w3.org/2001/XMLSchema#":"xsd"}		""	{}

CALL semantics.importRDF('file:///C:/Users/Administrator/Desktop/E-1/article-0.nt','N-Triples')

图 5-11　期刊论文 RDF 数据导入成功界面

Neo4j 浏览器具有面向开发人员的可视化工具，支持 Cypher 查询及结果的可视化，可以显示图数据中的各数据节点及关系。全部转换并导入的机器学习专题科研知识图谱共包含 19963 个节点，48171 个链接关系，期刊论文、期刊、科研人员、科研机构、主题五类实体类型在 Neo4j 中的节点标签分别为 scikg_Article、scikg_Journal、scikg_Person、scikg_Organization、scikg_Subject，关系类型也均以"命名空间前缀_关系"的格式表示，如期刊论文实体和主题实体的"关于"关系用 scikg_about 表示，期刊实体和期刊论文实体的"包含论文"关系用 scikg_hasArticle 表示。图 5-12 给出了部分机器学习专题科研知识图谱可视化示例，显示 id 为 6805 的期刊论文节点信息及与其关联的期刊、科研人员、主题等类型节点。

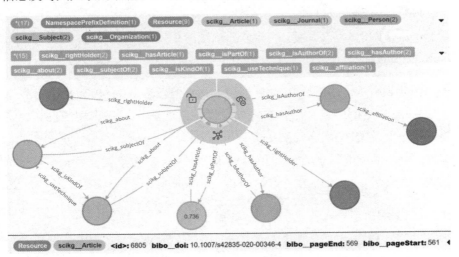

图 5-12　部分机器学习专题科研知识图谱可视化示例

该专题科研知识图谱拥有明确的主谓宾结构、语义结构清晰，可以支持事实型问题的查询。事实型问题在知识应用中处理频率较高，包含多种问题类型，如答案为单一对象的谓词型问题、返回一列结果的列表型问题。事实型问题查询可以分为三类：命名实体基本定义、实体属性及复杂知识图谱查询。接下来将举例说明。

（1）单实体/属性查询。单实体/属性查询是指询问命名实体的基本定义或实体数据属性，如查询"机器学习主题最重要的五篇论文的标题及其重要度"，问题可解析为：找出期刊论文实体（scikg_Article）中"文献重要度（scikg_importantDegree）"属性值最大的 5 个节点，输出其"标题

（dc_title）"属性值，相应的 Cypher 查询语句为：

```
MATCH (article:scikg__Article)

RETURN article.dc__title, article.scikg__importantDegree

ORDER BY article.scikg__importantDegree DESC

LIMIT 5
```

表格格式查询结果如图 5-13 所示，可以打印出这 5 篇期刊论文的标题
（article.dc_title）和文献重要度（article.scikg_importantDegree）。

article.dc__title	article.scikg__importantDegree
"Learning representations by back-propagating errors"	80.0
"A logical calculus of the ideas immanent in nervous activity"	80.0
"The Perceptron: A Probabilistic Model for Information Storage and Organization in the Brain"	75.0
"Graphical models"	74.0
"ImageNet Classification with Deep Convolutional Neural Networks"	67.46

Started streaming 5 records after 18 ms and completed after 18 ms.

图 5-13　表格格式查询结果 1

（2）多实体联合查询。多实体联合查询是指查询中涉及多类命名实
体，如查询"主题为 Supervised learning 且影响因子大于 5 的期刊论文的标
题"，这个问题涉及期刊论文、主题、期刊 3 个实体类型，相应的 Cypher
查询语句为：

```
MATCH  (article:scikg__Article)-[:scikg__about]->(subject:scikg__Subject
{dc__title:'Supervised learning'}), (article:scikg__Article)-[:scikg__isPartOf]- >
(journal:scikg__Journal)

WHERE journal.scikg__jif>5

RETURN article.dc__title
```

表格格式查询结果如图 5-14 所示，即该图谱中包含四篇符合要求的期
刊论文。

```
$ MATCH (article:scikg__Article)-[:scikg__about]→(subject:scikg__Subject{dc__title:'S...

article.dc__title

"integration of unsupervised and supervised machine learning algorithms for credit risk assessment"

"The impact of entrepreneurship orientation on project performance: A machine learning approach"

"Supervised based machine learning models for short, medium and long-term energy prediction in distinct building environment"

"Quantum-Enhanced Machine Learning"

Started streaming 4 records after 1 ms and completed after 22 ms.
```

图 5-14　表格格式查询结果 2

5.5.3　科研综述生成实现

在遵循科研综述生成体系架构的前提下，本节以构建原型系统的方式实现和验证基于知识图谱的科研综述生成。传统的主题发展及研究网络演化分析多基于文献计量学方法，把书目信息作为文献传播的社会学特征进行统计分析测量，利用 CiteSpace、VOSviewer 等文献可视化工具绘制选定范围文献的主题地图，为科研选题提供支持，但聚类效果有待提升。同样以科技论文为数据基础，基于知识图谱的科研综述原型系统以专题数据模型构建为前提，知识凝练度更高且富有结构逻辑与语义，该系统遵循主题词查询机制，基于查询返回主题及文献类型的全景式信息，并提供可阅览和下载的综述文档，主要包括四个模块：专题知识及文献聚类、重要文献发展脉络、热点主题演化分析、综述文档预览与下载，可实现科技文献的多视角挖掘和全景式揭示。科研综述系统的展示分为专题总体和专题范围内各主题（子概念）两种情况，前者为首页默认设置，而后者则是在专题综述的环境下通过页面链接的方式查看各层级知识节点相关文献及知识关联，后续将做具体介绍。

1．专题知识及文献聚类

基于语义查询的专题知识及文献聚类旨在给出专题的相关基础知识介绍及具有代表性的重要文献，反映专题研究的总体状况。从大量的文献和专题信息中提取出最能表达专题模型的要素，包括结构知识（是……的分支、所属学科、常用技术、学习范式、应用于）及 top n 重要文献。以机器学习为例，其知识及文献聚类结果如图 5-15 所示。

以专题知识图谱数据为基础，图中展示的信息为：机器学习是人工智能的分支，涉及统计学（Statistics）、凸分析（Convex Analysis）、逼近论（Approximation Theory）等多个领域，常用技术有神经网络（Neural Networks）、聚类（Clustering）、有监督学习分类（Supervised Learning by Classification）等，学习范式即理论模型包括组合方法（Ensemble Methods）、生成模型（Generative Model）和对抗学习（Adversarial Learning）等，机器学习应用广泛，主要包括自动驾驶（Autopilot）、机器翻译（Machine Translation）、模式识别（Pattern Recognition）和数据分析与挖掘（Data Analysis and Mining），目前机器学习相关研究最重要的 20 篇文献分别是发表于 2012 年的 *Mitigating the Compiler Optimization Phase-Ordering Problem using Machine Learning*、2010 年的 *A new BVM based approach to transient security assessment*、2015 年的 *What are Extreme Learning Machines? Filling the Gap Between Frank Rosenblatt's Dream and John von Neumann's Puzzle* 等。

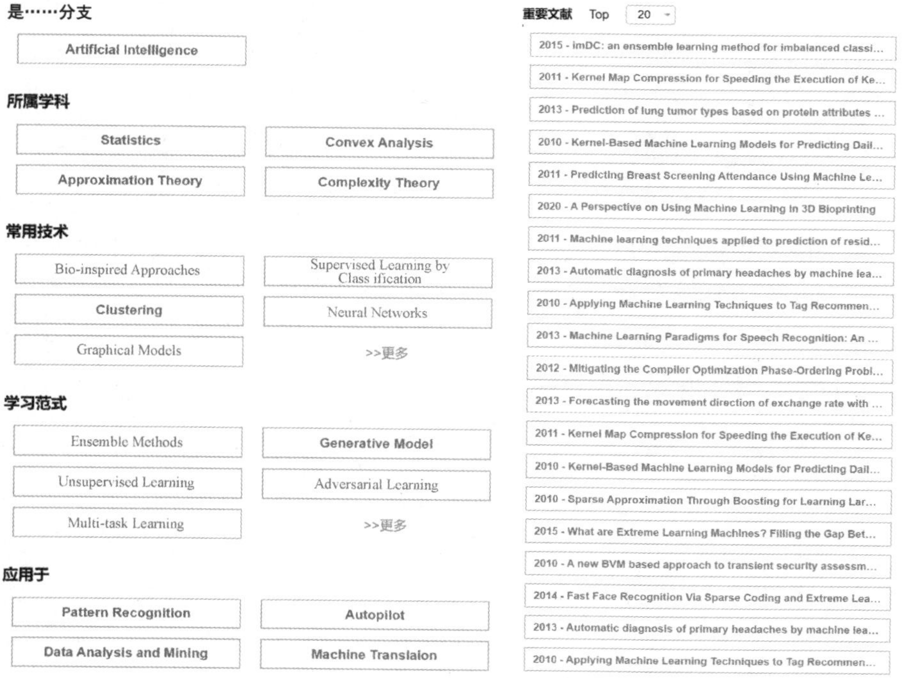

图 5-15　机器学习知识及文献聚类结果

为了方便用户快速了解专题知识模型中各个知识点的信息，可通过单击各主题词按钮，跳转至该主题词的详情页，页面设置与专题页面相同，在图谱规模足够大的前提下可理解为生成该主题的结构化综述，唯一的区别在于不再展示周期性热点主题分析，这一部分的内容将在"热点主题演化分析"中进行说明。

2．重要文献发展脉络

重要文献发展脉络主要以可视化的专题知识发展河流图来体现，深度融合了专题知识及文献信息，以时间轴为基准参考系，所有文献的出版时间的最长跨度为横轴，按需求划分为若干时间周期，并展示每个周期的研究点及重要文献。上文中提到，基于知识图谱的科研综述原型系统会根据检索词分情境展示，具体来说，若检索词为专题名称——机器学习，此部分展示的内容包括分阶段的研究高频主题词及该阶段文献重要度排序前三位的科技论文，若检索词为专题范畴内词表中的主题词（或关键词），则仅展示该主题词的文献发展脉络。机器学习专题知识发展河流图如图 5-16 所示，可以看出，构建的机器学习知识图谱论文出版年份时间跨度为 2010—2021 年，在选取的科技论文时间分布均衡的情况下，每个年份均展示重要文献名片，包括主题词、标题、作者、出版年份、文献重要度。以 2018 年为例，重要度排名前三位的文献见图 5-16，重要度得分从"Toward Predicting Efficiency of Organic Solar Cells via Machine Learning and Improved Descriptors"的 25.25 依次递减到"Unsupervised Generative Modeling Using Matrix Product States"的 22.01，研究主题分别为机器学习（Machine Learning）、生成模型（Generative Model）。

该模块在梳理文献发展网络的同时，也提供两种方式的文献详情查看功能：一种方式是光标停留在河流图任意一个文献名片上时，右侧即显示该篇文献的详情页，包括标题、作者、所属期刊、主题词、语步摘要及DOI，可点击 DOI 跳转链接至相应页面浏览或获取文献，实现文献溯源；另一种方式是点击文献标题，可跳转链接到系统本地数据库的页面浏览，查看更多元数据，如图 5-17 所示。

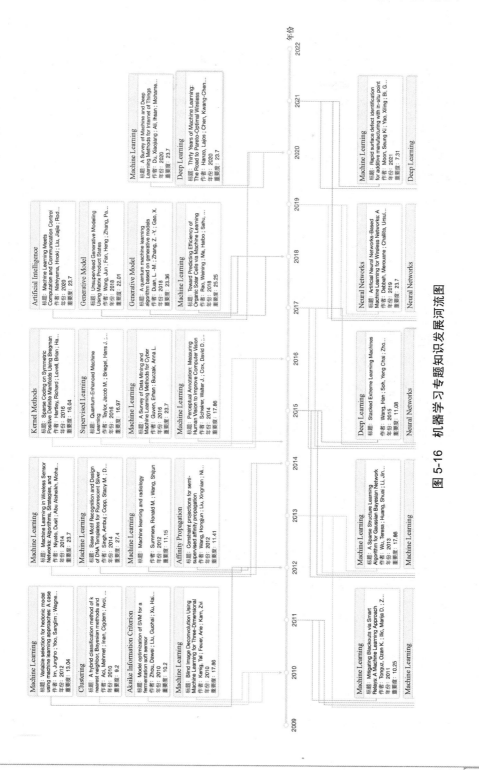

图 5-16　机器学习专题知识发展河流图

Learning representations by back-propagating errors

结构化摘要： [OBJECTIVES]We describe a new learning procedure, back-propagation, for networks of neurone-like units. [METHODS]The procedure repeatedly adjusts the weights of the connections in the network so as to minimize a measure of the difference between the actual output vector of the net and the desired output vector. [RESULTS]As a result of the weight adjustments, internal 'hidden' units which are not part of the input or output come to represent important features of the task domain, and the regularities in the task are captured by the interactions of these units. [CONCLUSIONS]The ability to create useful new features distinguishes back-propagation from earlier, simpler methods such as the perceptron-convergence procedure.

年份： 1986

关键词： Neural networks

重要度： 80

Volume： 323

DOI： http://doi.org/10.1038/323533a0

页码： 533-536

图 5-17　科技论文详情页面

科研人员是推进专题研究发展的重要主体，在文献发展脉络揭示过程中，高影响力专家的挖掘分析可以辅助科研用户跟踪学术信息源。本节生成科研综述的外延也扩展至高影响力专家这一类科研主体的推荐上，主要方法是基于知识图谱中专题或专题子概念（主题）相关科技论文实体的节点属性——作者 h 指数进行排序和展示，机器学习综述页的影响力排名前5 位的专家如图 5-18 所示，各主题页面的专家推荐则为该主题相关的排名前五位的作者 h 指数。在实际应用中，专家和机构等实体规范库的构建需要花费巨大的人力和时间，本书仅做思路上的探讨，到应用级别仍需不断丰富与扩充。

图 5-18　机器学习综述页的影响力排名前 5 位的专家

3．热点主题演化分析

热点主题演化分析能够揭示领域专题的阶段性发展重点及趋势，目前主要是基于词频来统计每个时间周期的排名前 5 位的主题词，这一部分也分两种情形，仅检索词为机器学习时有此项分析和显示，若为专题知识中的主题词，即在主题词已知的前提下，也不再有分析的必要性，此处不做展示。机器学习的热点主题演化分析如图 5-19 所示，从 2010 年至 2021 年，各时间段的研究点不断变迁，神经网络、深度学习始终是研究热点。对于临近分析年份的潜在研究方向或主题研究趋势可基于文献主题标引过程中的新词发现进行统计，如量子机器学习（Quantum Machine Learning）、量子无监督学习（Quantum Unsupervised Learning），通常这一过程的效率和准确率与原始语料的规模、词典质量等直接有关，应用层面涉及大量的人工审核。

年份区间	2021	2020	2019	2018	2017	2016
高频主题	Deep learning Neural networks Artificial Intelligence Supervised learning Logistic regression	Neural networks Deep learning Artificial Intelligence Supervised learning Feature selection	Deep learning Neural networks Artificial Intelligence Feature selection Unsupervised learning	Deep learning Neural networks Artificial Intelligence Feature selection Ensemble methods	Deep learning Neural networks Artificial Intelligence Feature selection Ensemble methods	Neural networks Deep learning Artificial Intelligence Supervised learning Feature selection
年份区间	2015	2014	2013	2012	2011	2010
高频主题	Neural networks Ensemble methods Feature selection Deep learning Artificial intelligence	Neural networks Feature selection Ensemble methods Unsupervised learning Logistic regression	Neural networks Feature selection Supervised learning Artificial Intelligence Boosting	Neural networks Artificial Intelligence Supervised learning Feature selection Clustering	Neural networks Feature selection Artificial Intelligence Supervised learning Ensemble methods	Neural networks Feature selection Artificial Intelligence Supervised learning Boosting

图 5-19　机器学习的热点主题演化分析

4．综述文档预览与下载

为满足科研人员多场景的阅读与学习需求，该系统也提供了方便阅读存储的由自然语言描述和章节组成的科研综述文档，其主要实现方法是结合 Java 编程语言及 POI 工具插件将知识图谱的实体及关系对应插入设计的综述模板中。具体操作为：在主题词搜索框中输入查询词生成相应的可视结构化科研综述，单击原型系统页面中的"科研综述文档"按钮即可一键下载，生成的科研综述文档如图 5-20 所示，包括文献数据源、专题知识结构、主题演化分析、重要文献发展脉络、高影响力作者推荐、参考文献六部分。与查询词对应的是，该系统既支持专题科研综述的生成，也提供专题内子概念（主题）的知识和文献聚类，在知识图谱规模较大的情况下，主题知识及关联文献相对丰富，也能依据设计的主题综述文档模板生成相应的综述文档。

图 5-20　科研综述文档

以上为基于知识图谱的科研综述原型系统的全部功能描述，重点聚焦于专题和文献的融合分析与挖掘，并提供了链接路径，部分展示的参数量可根据实际需求灵活调整。可以看出，这种多维科研综述生成方式能定量、定性地对图谱数据进行规划聚类，但其在文献样本小或分布不均衡的情况下得出的结果参考性有待提升。

5.5.4　与现有综述方法的对比分析

下面将基于知识图谱的科研综述生成方法及原型系统与现有的其他典

型综述方法、工具进行比较，通过文献调研及实际测评的方式从数据源、数据规模、支撑技术、分析视角、综述结果及服务形式等角度进行对比分析，如表 5-5 所示。主流的综述领域相关研究中，文本自动综述一直是热点和难点，经历了由简单到复杂、表层到深层的发展路径。随着机器学习等人工智能技术的逐渐兴起，研究者将传统的统计理论和深度学习、神经网络计算模型结合起来，但迄今为止相关研究成果距离运用仍有较大的距离，未来的研究重点预计在基于深度学习的深层方法上。Google 2016 年在其深度学习框架 TensorFlow 中开源的自动摘要模块 text-summarization 是目前最为典型的代表模型[23]，使用"序列到序列（Sequence-to-Sequence，Seq2Seq）"方法自动生成新闻标题[24]，官方测评显示，效果近似于人工，但也仅限于短文本（句子）的生成，因此未能在其他领域得到充分应用。基于文献计量学的文献综述类工具或应用目前已经达到能生成表层文献分析报告的程度，但缺乏深入的主题挖掘及深层次揭示，处理文献的规模相对有限且多为一次性分析操作，即数据不可迭代使用。其他类型如主题聚类的综述模型呈现形式更多元化，类似于主题导航，可根据用户交互查看多模态原始数据资源，然而这类研究仅限于特定领域的应用，如新闻。面对图书情报领域的交叉性和科技文献资源的复杂性，学术界的综述研究仍主要停留在抽取式文本摘要阶段，基于知识图谱的科研综述不限于传统的文本形式，深度融合了专题知识和文献资源的外部特征及部分主题语义元素，基于知识图谱的图结构特性不管是在计算效率上，还是科研综述展示形式上，都有所尝试和突破，主要特点及优势体现如下：

（1）处理对象包括科技文献、专题知识模型等多源异构数据，可面向大规模资源进行持续增加或更新的迭代实践，从一定程度上打破了专题综述的时间范围及操作上的限制。具体来说，基于知识图谱的科研综述可根据知识图谱规模实时更新生成，新增的资源可以及时参与挖掘、关联分析与展示，综述时间轴可依据资源实际情况自动对齐，不会因数据源处理规模上的限制而选择较短的年限，同时，与需一次性处理完数据分析的文献综述方法相比，基于知识图谱的科研综述在操作上更加可持续且既往数据持续发挥作用。随着知识图谱规模的增大，专题知识体系的全面性和覆盖率更高，生成的科研综述质量和科学性更高，应用价值更大。

（2）充分利用知识图谱的语义规范性及图查询算法方面的效率优势对资源进行更细粒度的揭示，支持文献资源和专题知识的多维度整合和关联，支撑高效的、结构化的知识发现。

（3）科研综述展示形式直观且可交互，既可展示结构化知识或文献模块，也可面向查询词实时、动态地生成综述文档，且支持子概念的综述生成与查看，可显著提升知识的利用率和可知性。

表 5-5　与现有的典型综述方法/系统的比较

对比要素	文本自动综述	文献综述	主题聚类	基于知识图谱的科研综述
数据源	文档数据	文献引文列表	多模态网页信息	文献题录信息、专题知识模型
数据规模	单篇或以十为数量级	千篇数量级	—	大范围、可达万数量级
支撑技术	词频统计、外部资源、修辞结构理论、深度学习等	文献计量学、数据可视化	质心方法	知识图谱及相关图查询算法
分析视角	文本核心内容	数据引用关系	主题相关	篇章内容、主题语义信息
综述结果	生成短文本信息	可视化图表或表层文献分析报告	多模态网页信息，支持用户交互查询	面向查询的多维结构化知识模块及科研综述文档，支持文献溯源与查看

5.6　本章小结

基于知识图谱的科研综述本质上是融合专题知识和文献数据的知识应用，在第 4 章科研知识图谱构建的基础上，本章研究分析了基于知识图谱及知识计算驱动科研综述的技术机制，设计了基于知识图谱的科研综述生成技术体系架构并构建了原型系统进行验证。具体包括：详细分析了科研综述的设计思路与技术需求，从知识揭示层次、结果呈现形式等维度设计科研综述场景，并结合科研综述场景解析知识图谱实体关系、子图结构的支撑作用及与文档类生成工具的匹配与协同。在深度关联融合科技文献和专题知识关联的前提下，充分利用图谱数据结构特性及语义查询算法等实现面向前端的子图获取与展示，提供包括专题知识及文献聚类、重要文献发展脉络、热点主题演化分析、综述文档预览与下载的重要应用功能。无论是在计算机领域还是在图书情报领域，综述类研究实践仍有必要和空间，相比目前主流的文本自动综述和文献综述，本章提出的科研综述生成在支撑技术、呈现形式上都有所突破，未来可以在数据处理类型及规模上继续优化。

参考文献

[1]　王小梅，韩涛，李国鹏，等. 科学结构图谱[M]. 北京：科学出版社，2017.

[2]　ABADI M, BARHAM P, CHEN J, et al. TensorFlow: A system for large-scale Machine Learning[C]//Proceedings of the 12th USENIX Symposium on Operating Systems Design and Implementation, 2016: 265-283.

[3]　BETA W. Lithium-Ion Batteries: A machine-generated summary of current research[M]. Berlin: Springer International Publishing, 2019.

[4]　SOWA J F. Principles of Semantic Networks: Explorations in the representation of knowledge[M]. San Francisco: Morgan Kaufmann, 2014.

[5]　李楠，孙济庆，马卓. 面向学术文献的语义出版技术研究[J]. 出版科学，2015, 23(6): 85-92.

[6]　HAGHIGHI A, VANDERWENDE L. Exploring content models for multi-document summarization[C]//Proceedings of human language technologies: The 2009 annual conference of the North American Chapter of the Association for Computational Linguistics, 2009: 362-370.

[7]　LUHN H P. The automatic creation of literature abstracts[J]. IBM Journal of Research and Development, 1958, 2(2): 159-165.

[8]　VANDERWENDE L, SUZUKI H, BROCKETT C, et al. Beyond sumBasic: Task-focused summarization with sentence simplification and lexical expansion[J]. Information Processing & Management, 2007, 43(6): 1606-1618.

[9]　BARZILAY R, ELHADAD M. Using lexical chains for text summarization[C]// Proceedings of the Intelligent Scalable Text Summarization Workshop, 1997: 10-17.

[10] LIU Y, ZHONG S. H, LI W. Query-oriented multi-document summarization via Unsupervised Deep Learning[C]//Proceedings of the 26th AAAI Conference on Artificial Intelligence, 2012: 1699-1705.

[11] ZHONG S H, LIU Y, LI B, et al. Query-oriented unsupervised multi-document summarization via deep learning model[J]. Expert Systems with Applications, 2015,

42(21): 8146-8155.

[12] RADEV D, OTTERBACHER J, WINKEL A, et al. NewsInEssence: Summarizing online news topics[J]. Communications of the ACM, 2005, 48(10): 95-98.

[13] NENKOVA A, MCKEOWN K. A survey of text summarization techniques[M]. Mining Text Data. Springer, Boston, MA, 2012: 43-76.

[14] RADEV D, HOVY E, MCKEOWN K. Introduction to the special issue on summarization[J]. Computational Linguistics, 2002, 28(4): 399-408.

[15] MIHALCEA R, TARAU P. Textrank: Bringing order into text[C]//Proceedings of the 2004 Conference on Empirical Methods in Natural Language Processing, 2004: 404-411.

[16] BLEI D M, NG A Y, JORDAN M I. Latent Dirichlet Allocation[J]. Journal of Machine Learning Research, 2003, 3: 993-1022.

[17] CHEN C. CiteSpace II: Detecting and visualizing emerging trends and transient patterns in scientific literature[J]. Journal of the American Society for Information Science and Technology, 2006, 57(3): 359-377.

[18] VAN ECK N, WALTMAN L. Software survey: VOSviewer, a computer program for bibliometric mapping[J]. Scientometrics, 2010, 84(2): 523-538.

[19] VARDELL E, FEDDERN-BEKCAN T, MOORE M. SciVal experts: a collaborative tool[J]. Medical Reference Services Quarterly, 2011, 30(3): 283-294.

[20] MCKEOWN K, RADEV D R. Generating summaries of multiple news articles[C]// Proceedings of the 18th Annual International ACM SIGIR Conference on Research and Development in Information Retrieval, 1995: 74-82.

[21] MCDONALD D D, PUSTEJOVSKY J. Description-directed Natural Language Generation[C]//Proceedings of the 9th International Joint Conference on Artificial Intelligence, 1985: 799-805.

[22] PORTER A L, KONGTHON A, LU J C. Research profiling: Improving the literature review[J]. Scientometrics, 2002, 53(3): 351-370.

[23] ABADI M, BARHAM P, CHEN J, et al. TensorFlow: A System for Large-Scale Machine Learning[C]//Proceedings of the 12th USENIX Symposium on Operating Systems Design and Implementation, 2016: 265-283.

[24] CHO K, MERRIENBOER B V, GULCEHRE C, et al. Learning Phrase Representations using RNN Encoder-Decoder for Statistical Machine Translation[C]// Proceedings of the 2014 Conference on Empirical Methods in Natural Language Processing, 2014: 1724-1734.

反侵权盗版声明

电子工业出版社依法对本作品享有专有出版权。任何未经权利人书面许可，复制、销售或通过信息网络传播本作品的行为；歪曲、篡改、剽窃本作品的行为，均违反《中华人民共和国著作权法》，其行为人应承担相应的民事责任和行政责任，构成犯罪的，将被依法追究刑事责任。

为了维护市场秩序，保护权利人的合法权益，我社将依法查处和打击侵权盗版的单位和个人。欢迎社会各界人士积极举报侵权盗版行为，本社将奖励举报有功人员，并保证举报人的信息不被泄露。

举报电话：（010）88254396；（010）88258888

传　　真：（010）88254397

E-mail：　dbqq@phei.com.cn

通信地址：北京市万寿路 173 信箱

　　　　　电子工业出版社总编办公室

邮　　编：100036